たった1年で〝紹介が紹介を生む〟コンサルタントになる法

水野与志朗

同文舘出版

プロローグ

どうしたら、目の前にクライアントを連れてこられるのか？

本書は「独立開業して、がんばっているコンサルタント」のために書かれたものです。

コンサルタントと言っても、その内容はさまざまです。経営コンサルタント、法律コンサルタント、税務コンサルタントなどの他に「〇〇コンサルタント」と名乗る人は、星の数ほどいます。

また、コンサルタントとは名乗らなくても、カウンセラー、コーチ、セラピストなども、コンサルタントという分類に入るかもしれません。私たちは全員、自分の能力とスキルで、クライアントからお金をいただく「士業」です。

そのような専門家にとって、「どうやって、目の前にクライアントを連れてくるか」は大きな問題です。

とくに、扱っているものが「目に見えない商品」で「説明を要する専門性の高いもの」だったり、「今までにないコンサルティング・サービス／分野」だと難しいものです。ここに

「集客の問題」が出てきます。

集客――独立コンサルタントにとって、これほど悩ましい問題があるでしょうか？　実は、私自身も、集客ではかなり悩んできました。

コンサルタントとは、ある意味〝医者〟のようなものです。一般的に、医者は患者に対して広告や営業活動をしないように、こちらから集客することはコンサルタントらしくないと考えていたからです。この考えは、今でも変わりません。

その一方で、集客しなければ商売にはなりません。集客にまつわるジレンマがここにあります。

私は、仮にもマーケティングを専門にするコンサルタントです。この間（はざま）で揺れ動きながらも、「コンサルらしい集客戦略」を打ち出してきました。それなりの効果はあったと自負しています。しかし、集客の悩みから解放されたことは一度もありませんでした。

おはずかしい話ですが、クライアントの集客戦略はよくわかるのに、自分のビジネスで「これをやれば必ず集客できる」という確信を持ったことは一度もなかったのです。あなたはいかがでしょうか？

集客は、実験・検証・横展開という段階を踏んで、ある程度、科学的に行なうことができるものですが、やっている本人にしてみたら、暗い夜道を歩く「試行錯誤の連続」に思えるはずです。私もそうでした。

とくに、今のやり方が行き詰まってしまい、新しい方法を考えなくてはならないときや、「とにかく集客しないと、来月の売上げが立たない」と焦っているときは深刻でした。

「次の仕事はどこから来るのだろう」という不安を抱えていたと言えます。

プロジェクトの終わりは、集客の悩みを意味していました。長期間の顧問契約でも同じです。ある日突然、解約されないとも限りません。結局は、いつも「集客」の二文字が常につきまとっていたのです。

それは、大きな案件をひとつ失った頃のことでした。私は、たまたまあるセミナーに参加しました。成功哲学のセミナーでした。参加した理由は、「なんとなく」。購読していたメルマガの中で、たまたま紹介されていたからです。受講料が4万8000円という、やや高額なセミナーでしたが、なぜか参加しようと思ったのでした。

人の縁とは、どこに転がっているかわからないものです。私はそこで、ある人物に出会いました。その人も、受講者としてセミナーに参加していました。

その人は一見、普通の中年のおじさんでしたが、非常に強いオーラをまとった方でした。私とは初対面なのに、非常に気さくに話をしてくれました。

よく響く声で、テンポがあって会話が途切れません。

よくよく聞いてみると、実業家として、ビジネススピーカーとして、またベストセラー作家として、幅広い分野で成功されているようでした。恥ずかしながら、私は彼のことを知りませんでした。

そんな彼も「もっと勉強するためにセミナーに参加した」と言いました。成功者ほど、自分への投資を怠らないのです。私は驚きました。そこで、私は自分自身の問題について、率直にたずねてみました。

「どうすれば、もっとうまく集客できるのでしょうか？」

「集客？　そんなに集客したいの？」

「集客できなければ、どんな商売も成り立たないじゃないですか。これまで、いろいろなことをやってきましたが、どれも満足のいく結果が得られなかったのです」

「なるほど。それはたいへんだ。それで、君はどうしたらいいと思っているの？」

「まずは、対外的な自分自身の認知を高めることが大事だと考えています。それから、ホームページや料金の見直し、また販促も必要でしょうね。それから……」

「うん。たしかに、それらはやればいいけど、そんなことばかり考えているから集客できないんだよ」

「えっ？」

「今、クライアントはどれくらいいるの？」

「今は2社です。2社しかいません。最近、1社解約になったんです」

「なるほど。で、その2社は、君にどこか別のクライアントさんを紹介してくれた？」

「いいえ」

「それはなぜだと思う？」

「……」

「簡単な話でね。君が、集客のことばかり考えていて、目の前のクライアントにきちんと向き合っていないからだよ。君の仕事は集客ではなく、目の前のお客さんを成功させることであり、目の前のお客さんの課題を解決して差し上げることなんだ。しかし君は、大半の時間を集客のことばかり考えている。そういうコンサルタントというのは、たいていは『まずい飯』を出すものだ。せっかく集客しても、すぐに次の集客に気を取られてしまって、肝心のコンサルティング品質は悪い。ろくでもないコンサルティングをしておきながら、新しいお客さんのことばかり考えているわけだ。君はどうだろうか？」

「正直言って、そうかもしれません。耳が痛いです」

「考えてもごらん。コンサルティングの場を与えられるだけでも、限りなくありがたいことだと思わないか。クライアント一人ひとりの1時間、2時間をもらうことの重大性を、もっと考えるべきなんだ。もし、企業のプロジェクトで20人のメンバーがいるとする。そうすると、君は20時間から40時間の采配権が与えられることになる。もしそれが、クオリティが低いものだとしたら、君はどうやってその時間を返すのだろうか。君の本業は集客業ではなく、コンサルティング業だということを、もう一度思い出しなさい。そして、コンサルティング業としての君に、クライアントが満足したとき、そのクライアントは、君に別の仕事を紹介するようになるだろう。これこそが、コンサルティング業での集客というものだ。紹介こそが、コンサルタントの営業スタイルなのだ。君は、見ず知らずの新規客をいかに取るかに時間を使うべきではなく、集客自体を不要にしてしまうこと、つまり、**いかにして紹介が紹介を生むコンサルタントになるかを考えるべき**なのだ。そのためには、目の前のクライアントだけにフォーカスすることが、何よりも効果的なのだ」

集客業ではなくコンサルティング業。

初対面であるにもかかわらず、この人は率直にズバッと本質を言ってくださいました。私は、頭を殴られたような衝撃でしたが、決して嫌な気分はしませんでした。

この人が言うように、新規のクライアントを取ることばかりを考えていて、その分、コンサルティング品質の向上やクライアントの満足をないがしろにしてきたのかもしれないと思いました。しばらく、これまでの自分自身を振り返ってみました。そして思ったのです。

「もっと、この人からコンサルティング業の真髄を学んでみたい。そして、紹介が紹介を生むコンサルタントになりたい」

現在、私は集客で悩むことは、ほとんどなくなったと自負しています。たしかに、私は変わりました。集客戦略を仕掛けなくても、目の前のお客さんが、新しい縁を常に私にくださるからです。私は、感謝してもしきれないほどのありがたさを感じています。

クライアントの方々が、私を**「紹介が紹介を生むコンサルタント」**にしてくださったのです。本書は、すべて私自身の体験をもとにして書かれています。もし、あなたもそれを目指すなら、私の話に耳を傾けてみませんか？　私自身がそうだったように、ちょっとした発想の転換があなたを変身させることになるのです。

もくじ

たった1年で〝紹介が紹介を生む〟コンサルタントになる法

2章 クライアントから信頼される条件

3章 的確なアドバイスはどのようになされるか？

4章 コンサルタントとしてひと回り大きくなるには？

5章　紹介が紹介を生むコンサルタントであり続けるために

カバーデザイン　ホリウチ　ミホ
本文デザイン・DTP　ムーブ

1章

“紹介が紹介を生むコンサルタント”になるには？

普通のコンサルタントと、紹介が紹介を生むコンサルタントは何が違うか？

目の前のクライアントにフォーカスする――そんな単純なことが、紹介を生む入口になります。しかし、どれほど相手にフォーカスしても、それで紹介してくれるかどうかは別ということもあります。

つまり、必ずしも紹介してもらえない場合もあるのです。まずは、ここからはじめましょう。クライアントから、お客様を紹介してもらうにはどうしたらいいのでしょうか？

それは、**「あなたが応援されている」**ことです。お客を紹介してあげたい、また、人があなたをもっと盛り上げたいと思ってくれている状態なら、どんどん紹介してもらうことができるでしょう。あなたがコンサルタントとして独立したばかりの頃、まだ経験も実績もないのに、仕事をくれた人たちがいたはずです。

それどころか、そんな新米コンサルタントに新しいお客さんや人脈を紹介してくれる人たちもいたはずです。彼らは、どうしてそのようなことをしてくれたのでしょうか？

きっと、まだあなたが頼りなくても、がんばってやっていこうとしているのを見て、応援してくれたのではないでしょうか。

人は、がんばっている人、夢を持って仕事に取り組んでいる人を応援したくなるものなのです。もちろん、仕事をしっかりやることは大事ですが、それ以上にあなたががんばっている姿に「何とか、力になってあげたい」と思うものなのです。

私も独立したばかりの頃、よくクライアントさんと将来の夢や自分の考えを話していました。クライアントさんも、楽しそうにそれを聞いてくれていたし、いろいろなアドバイスもいただきました。

これは、彼らが私を応援してくれていたからです。これには、今でも頭が下がります。最初にお客さんになってくれる人というのは、お客さんであってお客さんではないのです。彼らは、**「応援者」**に他ならないのです。

だから、私のコンサルティングがどうであろうと、それはあまり大きな問題ではなかったようです。むしろ、「スキルに難あり」のほうが、彼らの「応援してやらなければ」という気持ちに火をつけるようでした。

しかし、だからと言って、いつまでも満足度の低い仕事をしていてはならないのです。当たり前のことのように聞こえるかもしれませんが、ここが成功するコンサルタントとそうでない者との差です。

たいていのコンサルタントは、応援者の声援を受けて勘違いするのです。「自分は、そこそこそこなしているじゃないか」と思い込むのです。そして、そのようなコンサルティングを続けることをよしとするようになります。また、ときには応援者のアドバイスを無視することすらあります。これは、一種の怠慢、または謙虚さの欠如と言えるかもしれません。

ここで、大半のコンサルタントが自滅していくことになります。応援者が離れていくのです。せっかくの応援者が、せいぜい「独立のご祝儀」程度の存在になってしまうのです。

仕事がうまくいかないことを、経済環境や社会環境のせいにしているコンサルタントは少なくありませんが、本当はそんなことが理由なのです。

もし、あなたがそう感じるのなら、今が見直すべきときかもしれません。ここが、紹介が紹介を生むコンサルタントになれるかどうかの分かれ目です。紹介でやっていけるコンサルタントとそうでない者との違いはここにあります。しかし、残念なことに、多くのコンサルタントはそこに気がつきません。それによって、クライアントが先細りになる。だから、集客のことばかりを考えるようになるのです。

一方、紹介をもらえるコンサルタントは、クライアントの満足度を上げるためにサービスの改善、または自己の成長に取り組みます。そうすると、応援してくれる人たちはもっと応援したくなるし、新たに紹介されたクライアントも喜びます。

コンサルタント自身は、集客を考える必要がないから、本来の仕事に邁進することができます。つまり、自分のスキル向上に情熱を傾けることができるのです。まるで、職人のようではないですか。こうして善循環が成立します。**全員が喜ぶ、善なる環**です。

私自身、そうやってがんばって仕事をしている人を応援してきたし、その人がどんどん活躍すればするほど、うれしくなったものです。

きっと、世の中とはそういうものなのでしょう。もちろん、これはコンサルタントにも当てはまります。そうであれば、紹介が紹介を生むコンサルタントを目指してはいかがでしょうか。それが、コンサルティング業でやっていく王道だと思います。

それでもあなたは、本当に集客は必要ないのか、と考えるかもしれません。しかし私は、集客を入口と考えるか、結果と考えるかの違いだと思うのです。

私が話しているのは、結果として集客する方法です。あなたにとっては、これがビジネスだから、集客の不安から逃れたいという思いがあることもよくわかります。

しかし、自助努力を怠ると、私が話したような先細りのコンサルタントになります。それで集客にいそしむか、今からがんばって「集客を必要としないコンサルタント」になるか。

前者は対症療法ですが、後者は根本療法です。すべてのコンサルタントにとって必要なのは後者ではないでしょうか？

☑ クライアントにとってコンサルタントの魅力とは？

コンサルタントの魅力とは、いったい何でしょうか？　専門分野での能力が高いことと答える人は多いでしょう。それは、間違ってはいません。能力が高いことが魅力だと思っている人は、とくにコンサルタント側には多いものです。しかし、私は別の視点から答えたいと思います。

それは、クライアントの視点です。クライアント側から見たら、コンサルの能力は高くて当然です。だって、コンサルタントなのだから当たり前です。つまり、能力自体は意外にたいした魅力にはならないのです。能力があるのは、コンサルタントとして、せいぜいスタートラインに並んだという程度の意味しかないと思われます。

そうは言っても、能力に価値がないわけではありません。能力には大きな価値があるし、「真の売り物」であることは間違いありません。だから、クライアントがどう思おうと、能力を磨く努力を怠ってはなりません。

しかし、魅力という点では、能力は大きなポイントにはならないのです。魅力とは、人の心を惹きつける力です。

では、応援されるコンサルタントの魅力とは何でしょうか？　それは**人柄**です。コンサルティングは、クライアントを相手にしたコミュニケーション・ビジネスです。もっと平たく言うなら、サービス業と言っていいでしょう。

ここを勘違いしているコンサルタントは意外に少なくありません。実は私も、コンサルタントとして働きはじめてから、しばらくはそこに気がつきませんでした。

サービス業である以上、人柄こそが大事なのです。しかし、どういうわけかコンサルタントにはその精神が欠けているように思えてなりません。「先生」などと呼ばれているせいかもしれません。

私の見たところ、お客さんが応援したくなるコンサルタントというのは、すべてここが大きなポイントになっています。

たとえば、ここに2人のコンサルタントがいるとします。2人とも、同じ学校を出て同じような会社に勤め、どちらも同じような仕事をして、同じように独立開業しました。

しかし、違うところもあります。1人はまるで問題解決マシーンのように機械的で、いつも難しい顔をしています。またクライアントに対しても、自分のアドバイスを押し通そうとします。

もう一方は、いつも感じがよくて、始終ニコニコしています。クライアントにも誠実に接することをこころがけています。

さて、あなたなら、どちらのコンサルタントに仕事を依頼したくなるでしょうか？　聞くまでもなく後者でしょう。ニコニコしているコンサルタントのほうが感じがいいからです。あなたが魅力に感じたのは、能力ではなく人柄。ここが、応援されやすい人の特徴だし、紹介が紹介を生むコンサルタントの秘密なのです。

では、コンサルタントとしての人柄として、絶対に必要なものとは何でしょうか。これには、いろいろな答えがあると思いますが、私は**「真摯さ」**だと思います。人柄というよりも、むしろ「資質」といったほうが適切かもしれません。

コンサルタントは真摯でなければならないと思います。難しい言葉のように思いますが、**真摯さとは、要はまじめで熱心なこと**です。

まじめかつ熱心にクライアントに尽くすこと。まじめに熱心にクライアントの成功を祈ること。一緒になって悩み、一緒になって問題解決にあたること。まじめに熱心に。そんなコンサルタントは、クライアントから好かれるし、クライアントも応援したくなるものです。

そういえば、私がコンサルタントになったばかりの頃、「クライアント・ファースト（Client First）」という言葉を聞きました。クライアントの利益を第一に（First）考える。自分の利益はその次、という意味です。

私は、今でもこの言葉が好きで、新たにコンサルティング業をはじめた人に贈っています。とてもいい言葉だし、コンサルティング業の要諦を言い表わしていると思います。

クライアントのことを第一優先にすることが大事なのはもちろんですが、結局はそれがコンサルタントにも利益をもたらすことになるのです。何年たっても、そういうコンサルタントでありたいものです。

クライアントがあなたに依頼したくなる理由

ではここで、能力も含めて、コンサルティング・サービスの話をしましょう。コンサルタントは、あなた以外にも大勢います。人によっては、他のコンサルタントとの違いを出すために、独特なコンサルティングのやり方をしている人もいます。彼らは、オンリーワンを目指しているのです。

あなたもそうかもしれません。独立当初、私自身もそうでした。たしかに、そのようなコンサルタントは少なくありません。しかし、「彼らは本当にそのやり方で成功しているだろうか」と、今の私は思います。私自身、独自のやり方をしていた頃は、たいした結果を手にすることはできませんでした。

と言うか、独自性を持たせることとクライアントの満足度がきちんと相関しているのか、よくわからなかったというのが実感です。

私の専門はブランドなので、そこにはこだわりや自負もありました。企業でも個人でも、ブランド化するには独自性が非常に大事な要素であることは間違いありません。

しかし、私の感想では「それは自己満足にすぎない」ことも少なくありませんでした。それどころか、クライアントにとってコンサルティングの独自性は、必ずしも魅力ではないことのほうが多いようです。

お客さんというのは、たいていは保守的な選択をしたがるものだし、ましてや目に見えない商品で、かつ高額なものだと、独自性はむしろ「買っていいのかどうか」の判断で、リスクと映ることのほうが多いようでした。

それよりも、成功しているコンサルがどんなやり方をしているかを研究するほうが、得るものは大きかったように思います。

今の私は、そのようにアドバイスをしています。私の場合は、メンターのコピーからはじめました。要は真似です。真似を、レベルの低いことと考える人もいることでしょう。

しかし、真似こそが学習の基本であり、真似からはじめて最終的に独自性に気づくことも多いのです。

ですから、コンサルティングでも、まずは真似でいいから同じようにやってみるのです。そのうちに、クライアントの数も増えて経験値も高くなっていきます。その後に、独自のやり方を構築すればいいのです。きっと、自分自身の独自性に気づくときがきます。

これを、**「型」**と呼んでいます。**「あなた独自の型」は、「誰かの型」を真似ることからはじまる**のです。ですから、ぜひ真似をしてみてください。

これは、世の中で知られるマーケティングやブランディングの話とは少し違うかもしれませんが、実際にはこちらのほうが有効です。本で学んだマーケティングは、この際少し脇に置いておきましょう。そんなに奇抜なものでないほうが、クライアントにとっても安心できるはずです。

しかし、それだと他のコンサルタントと同じことになって、結局は価格競争になるのではないかと言われるかもしれません。いいでしょう。他のコンサルタントとの競争について話すなら、独自性の問題よりも大事なことがあります。

それは、**クライアントが案件終了後にどれほど感激してくれたか**です。**「驚き」**と言ってもいいでしょう。

クライアントがあなたに仕事を依頼する際、彼らは必ず、何らかの期待をしているものです。「コンサルタントなんだから、少なくともこの程度のことはやってくれるだろう」と。

そこで、あなたは仕事に取りかかります。よかれ悪しかれ、何らかの結果が出ます。その結果が、クライアントの最初の期待値と同じレベルだと、「驚き」はありません。想定内であり予定通りだからです。悪い結果なら、言うまでもありません。

しかし、ここであなたがクライアントの期待を大きく上回る結果を出すと、あなたは尊敬されます。本物のコンサルタントになれます。そうなると、次の案件がすぐにもたらされます。または、他のクライアントをあらたに紹介してもらうことができるでしょう。

この驚きが大事なのです。その瞬間、あなたは**「ブランド」**になったと言えます。つまり、他とは違う存在です。いったんブランドになると、非価格競争の状態になります。それを生み出すものが驚きなのです。期待と結果のポジティブなギャップと言っていいでしょう。それが、あなたをブランドにします。

クライアントにとっては、他のコンサルタントよりも信頼できる存在と認められるようになるのです。他にもすばらしいコンサルタントはいるのに、どうしてあなたに依頼するかと言うと、あなた自身が、〝信頼できるブランド〟だからです。ブランドとは、競争力の源泉です。

ですからぜひ、自分自身がブランドになることを目指してください。そのためには、独自性以上に「驚き」にこだわるほうが賢いのです。

実際に、ブランドとしてがんばっているコンサルタントはいます。そのような人は、たいてい一人勝ちです。あなたが学ぶべきは、そのようなコンサルタントです。その人が、どうやってクライアントに驚きを与えているのかを研究するべきなのです。独自性は、その後に考えればいいのです。

書籍を出版するには

せっかくなので、ブランドについてもう少しお話をしましょう。

単なるコンサルタントはたくさんいますが、その存在がブランドと見なされる人はそうはいません。驚きをもってブランドは誕生しますが、さらにブランドとして自分を確立していくにはどうしたらいいのでしょうか？　これをブランディングと言います。

ブランディングで大事なことは3つあります。まずは、あなた自身が自分の専門分野についての書籍を出すことです。それも、自費出版や電子書籍ではなく、きちんとした出版社からの商業出版です。

これは、コンサルタントとしてやっていくうえでの必須事項です。出版は、それほどの力があります。世間では“活字離れ”などと言われていますが、そんなことはどうでもいいのです。その分野の問題を解決したい人は、ウェブで調べるだけでなく、書籍を購入してじっくり読むものです。書籍を出すことによって、コンサルタントのブランド価値は大きく高まります。

「それはそうだろう。しかし、書籍を出すなど、普通の人にできるのだろうか？」と思われるかもしれません。実は、書籍を出している人は、全員普通の人です。いや、正確には「出す前は普通の人だったが、出したことで普通から一歩抜け出した人」です。これは、まさしく普通の人が「ブランド」になった証拠です。

では、なぜ普通の人に書籍を出すことができたのか？　実は、単純な真理があります。まず、書くことが何よりも大事です。そんなことは当たり前ではないか、と思われるかもしれませんが、実際に書きはじめる人の何と少ないことか。

いつか、書籍を出したいと考えているコンサルタントは大勢いますが、書きはじめる人はほとんどいません。だから出せないのです。

まずは、最初の一歩を踏み出す行動力が求められるのです。私の友人コンサルタントの話をしましょう。

佐々木繁範さん（http://www.sasakinet.jp/）という方がいます。佐々木さんは、ソニーでの戦略スタッフを経て、経営コンサルタントとして独立しました。「エクゼクティブ・スピーチ・ライティング」を得意とする経営コンサルタントです。ソニーの歴代CEOのスピーチ原稿を書く仕事をしてきました。

そこで培ったスキルを、経営コンサルタントの立場で、世の中の経営者に提供したいと考えていました。

しかし、この分野は大企業の中でも、ソニーなど一部だけのもので、世の中一般の経営者は必要性を感じていない状況でした。いわば、コンサル・ニーズのない状態です。その頃、私のところに来てくださいました。

私は、お話をおうかがいして、「そのような状況だからこそ、佐々木さんがそのカテゴリーを作れるのではないか」と考えました。

そこで、世の中のニーズを作るべく「スピーチの専門的な書籍」を出版してはどうか、とご提案しました。多くのコンサルタントはここで怯みます。しかし、私は言いました。「実際にやる人が少ない。だからこそ、チャンスなのです。やってみたらいいし、やればやっただけの結果が出ますよ」と。

佐々木さんは決意をしました。それまで、本を書いたことはありません。スピーチ・ライターだから、書くことに抵抗はないと思っていたのに、いざ書きはじめると、逆にその経験が執筆の足を引っ張るように感じたと言います。大きなプレッシャーだったと思います。

専門家であるがゆえの、自らに課す要求レベルの高さが足かせとなりました。何度も挫折しそうになりながらの執筆でした。まさしく、「エクゼクティブ・スピーチ・ライターとしての面目を保てるか」という試練でした。

出版社も、出版予定もないまま書きはじめたのですが、不思議なもので、書きはじめたとたんに、偶然にもソニー時代に知り合った出版社の方と再会をしました。出版企画の話をすると、「ぜひ出しましょう」と賛同してくださいました。

その11ヶ月後。佐々木さんの書籍が出版されました。書籍はすばらしいものに仕上がりました。そして、変化が起こりました。佐々木さんは、それを読んだ経営者、そして政治家から「スピーチの先生」と呼ばれるようになったのです。

それによって、どんどん「スピーチ・ライティングに強みを持つ、日本で唯一のコンサルタント」になっていったのです。

出版前は、ニーズのなかった仕事も、講演会やコンサルティングなどが増えました。また、いくつかの大学から招聘されて特別講師もしています。

書籍を出版するには、まず書いてみることです。私自身もそうでした。これまで、数冊の本を出していますが、いつも「書くこと」が出版のきっかけになっています。

世の中には、出版をビジネスとして有料サービスにしている出版社もあります。そういう会社でない限り、誰も「本を書いてください」などとは言わないし、出版させてくださいとも言いません。だからこそ、自分で書きはじめるしかないのです。

さらに私の場合は、最初の一冊目は原稿を出版社に持ち込みました。そして、運よく出版の運びとなりました。これも、佐々木さん同様、巡りあわせかもしれません。しかし、やればできるものだと知りました。

〝一流の人〟を味方につけるには

話をブランディングに戻しましょう。ブランドになるための2つ目のポイントは、「その道で一流の人に応援してもらう」ということです。

世の中には、コンサルタントは星の数ほどいます。もし、他と大差がないとしたら、その世界で一流の人に応援してもらうようにするべきです。

もし、コンサルタントとして成功したいなら、**「すでに成功したコンサルタントに応援されている」という状況を作り出せばいい**のです。

しかし、ここで疑問が湧いてくるかもしれません。「そんなに都合よく、私を応援してくれる一流の人なんているのか」と。

普通では、考えられないことです。少なくとも、努力というか根性が必要となるでしょう。相手の懐に飛び込む勇気、まずはこれが必要です。

たいていの人は、どういうわけか、「自分など相手にされないのではないか」と考えます。または、せっかくそのような人と接点を持っても、「嫌われているのではないか」と、何の理由もなく不安になるものです。その人が一流で、忙しければ忙しいほど近寄りがたいものだし、相手にとって目障りになるのではないかと考えてしまいます。

ここが、応援してもらえない本当の理由なのです。私の経験では、一流の人ほど、成功したいと必死にがんばっている人間に対してオープンなものです。オープンだし、アドバイスすることを楽しみにしています。私のメンターたちもそうです。

そう、メンターです。コンサルタントにとって、メンターは重要です。メンターも持たずに、成功する人はいないと言ってもいいでしょう。一流のアスリートが、必ずコーチを付けるように、一流のコンサルタント、そしてビジネスマンにも必ずメンターがいます。

ビジネスでもアスリートの世界でも、そこが一流、二流を分ける境目となります。成功者ほど、必ずメンターを持ち、そのメンターに教えを請いながら前進し続けるのです。

「しかし、そんな人に応援してもらうなんて都合がよすぎないか？」と思う人もいるでしょう。実は、私自身もそうでした。そんなとき、あるメンターからこのように言われました。

「その気持ちが、君を一流から遠ざけるのだな」と。

繰り返しになりますが、一流の人ほど気前がいいし、オープンに接してくれるものです。こちらが、勝手な思い込みを抱いているだけなのです。

そうは言っても、一方的に応援してもらうのは気が引ける、という気持ちは私にも理解できます。一流の人は気にしなくても、こちらが気にします。私だって、今も気が引けないことはありません。しかし、昔ほどではありません。

そこで、気が引けない方法をお話ししましょう。それは、あなた自身がその人たちを応援することです。応援してもらう前に、まずはあなたがその人を応援することが大事なのです。

一流の人であろうと、応援してもらうことはうれしいものだし、それこそが彼らのエネルギー源でもあるのです。だから、応援をしましょう。応援されるためには、自分からその人たちを応援すればいいのです。応援することが、応援される秘訣と言えるでしょう。

一流のクライアントと付き合うには？

ブランディングの3つ目のポイントは、「クライアントを選ぶこと」です。一流のクライアントと付き合うと、世間も、あなたをそのように見るようになります。

それが、コンサルタント自身のセルフ・イメージに大きく影響するのです。それに、一流の人は、一流の仲間と付き合うものです。となると、紹介してくれるクライアントも、一流である可能性が高くなります。そのような実績が、あなた自身をブランドにするのです。

なぜ、そのようになるのでしょうか？　それは思い込みの力と言っていいでしょう。目の前のクライアントのイメージが、あなたの潜在意識に刷り込まれることになるのです。

いつしか、自分にはこのような人たちが相応しいと思うようになります。逆に、自分に相応しくないクライアントと付き合っていると、どんどんツキが落ちていくことがあります。これが怖いところです。嫌なクライアントでも、お金になるからと思ってやっていると、いつの間にか、それが普通になってしまうのです。

だからこそ、仕事は選ぶべきなのです。もし、自分が一流の仕事をしたいのなら、一流のクライアントを選ぶべきなのです。あなたが、本当に付き合いたいと思えるクライアントを吟味するべきなのです。これは、何かの間違いで紹介されてしまった場合にも言えることです。「断る」ことも、ときには大事なのです。

ここで、また疑問が湧く人がいるかもしれません。「しかし、一流のクライアントだけを選ぶなんて可能だろうか。ましてや、仕事がほしくてたまらない状況で。私の今の状況では、クライアントを選ぶ（ましてや吟味する）など、実際には難しい。そんな余裕はないし、たいていはまず間違いなく受けてしまうだろう」

その気持ちもよくわかります。そのように考える人は、クライアントに事欠かなくなっても、クライアントを吟味するようなことはしないでしょう。それが、そのコンサルタントが集客できない原因でもあるのです。

ご説明しましょう。クライアントを選ばない限り、コンサルタントも、彼らから選ばれることはないのです。クライアントは、コンサルタントならなんでもいいと思っているわけではありません。むしろ逆なのです。

クライアントにとっては、高額な出費になるわけだし、何よりも、成果が期待できないコンサルタントを選んでしまったのでは目も当てられません。こちらがクライアントを吟味する以上に、彼らはこちらを吟味します。

まさしく、**「私たちに相応しいコンサルタントかどうか」**を真剣に検討するのです。その一方で、こちらはそのようなことを考えることはありません。これでは、クライアントが求める真剣勝負に見合うわけがないのです。

集客の点でも、これは大事なことなのです。コンサルタント側がクライアントを選ばないから、クライアントは気にかけないのです。

真剣なクライアントが依頼したいのは、真剣なコンサルタントであるはずです。クライアント側が、自分の仕事にこだわりと誇りを持っていれば、当然、コンサルタントも自分の時間を無駄にしたいとは思わないはずだからです。

ですから、クライアント側にも真剣な覚悟を求めるはずで、それが「選ぶ」「吟味する」という結果になるのです。このようなコンサルタントは、クライアントにとってはたいへん気になる存在です。ですから、一度話を聞いてみたいと思うのです。

これは、多くのコンサルタントにとって耳が痛い話だし、また私が、コンサルタントからの相談を受けてアドバイスをするとき、一番受け入れてもらえない話でもあります。

たいていは、みなさんこんなことを言われます。「でも、僕には無理です。どんな仕事でもやろうと思っていますから」と。

「どうしてそう思うのですか?」と私がたずねると、「この仕事をはじめたときから決めているんです。どんな仕事も断らないことが、僕のルールです」などと答えてくれます。

これは、ある意味では立派なことです。そこで、「では、あなたは反社会的な組織や会社の依頼も喜んで受けるわけだ」と、少し意地悪なことを聞くと、「いや、そういうのはちょっと……」と言葉を濁します。口では、どんな仕事でもやると言いながら、そういうところでは選ぶのです。つまり、無意識のうちにその人はその人なりにクライアントを選んでいるわけです。

すると、「まあ、常識の範囲だと思いますが……」と切り返してきます。しかし、私の感覚では、何が常識かは個人によって異なります。

ニュースを見ていればわかります。反社会的な仕事であろうと、それを受けるコンサルタントや弁護士は決して少なくないのです。

ある人の常識は、世間的には非常識なこともあるし、またその逆もあります。いずれにしても、こういう人は自分にとって相応しいクライアントをまだ決めかねている、いや、決めるなどということすら考えたことがない人なのです。

あなたはいかがでしょうか？　自分にとってどんなクライアントが相応しいか、を考えたことがあるでしょうか。もしないのであれば、それを決めてみてはいかがでしょうか。

自分にいくらの値づけをするか？

クライアントを選ぶ方法については、具体的なツールがあります。一番わかりやすいのは、コンサルティング料金の設定です。価格に関して、コンサルタントには、2種類のコンサルタントがいます。

一流の値づけをするコンサルタントと、大衆的な値づけをするコンサルタント。どちらをとってもいいのですが、一流のクライアントと付き合いたければ、大衆的な値づけをしてはなりません。

「一流の根づけなどと言うと、お客が来なくなるのではないか」と考える人もいるでしょう。私も、かつてはそうでした。とくに、集客を気にしていた頃は。ここが恐怖でした。そして、クライアントを吟味しようとする信念がゆらぐことになります。しかし、結論から言うと、お客は来ます。それはなぜか？

既存顧客が紹介してくれるからです。本書は、そのテーマについてお話しするものです。紹介から来たお客様は、その価格が高いとは言いません。

なぜなら、**「それ以上の価値がある」ことを、既存客から聞いているから**です。紹介者は、誰かにあなたを紹介するとき、必ずどんなことをしてくれるコンサルタントかを話します。それに、紹介をしようとしてくれているわけですから、必ず、あなたのよいことを言ってくれるはずです。

既存のお客様が、誰かにあなたの話をしている時点で、あなたの価値が伝えられます。しかも、あなたと一緒に仕事をした人の言葉だから、信憑性があります。

すると、紹介を受けた人は「一度、くわしく話を聞いてみたい」と考えるようになります。たいていは、紹介を受けた時点で価格も聞いているものです。それでも会ってくれるのですから、価格の問題はあまりないと言っていいでしょう。

紹介されたクライアントの目的は、「もっと、くわしくあなたを知る」ことです。だから、あなたは自分の実績や得意な分野について、ゆっくり十分に話すことができます。その結果、目の前の人は、それを十分に理解することになります。

そして、最終的に価格と比べて「見合う価値」があるかどうかを検討します。そうした段階を踏むなら、価格は決して高いものとは映らないのです。

つまり、ターゲットとするべきお客様は、**「あなたの価値を理解してくれる人」**なのです。**この人たちとだけ付き合えばいいのです**。そこに全力投球をすることです。

これは、価格を下げないビジネスをするポイントでもあります。どんなビジネスでも同じです。安売りで困っている人はここがわかっていません。お客様が、価値を理解する前に価格提示をしたら、誰だって「高い」と言います。どんなに安い商品でも、そう言われる可能性があります。

同様に、「安い」ことが品質を悪く見せる場合もあります。価格提示では、タイミングが大事です。**それは、価値が伝わった後であるべき**なのです。

逆に、一見（いちげん）さんの中には、価格を下げようとする人もいるでしょう。ここからが、あなたの眼力が試されることになります。

「このクライアントは、私に相応しいかどうか」を見極めることが必要です。あなたのコンサルティングがどのようなものかを知る前に価格の話をする人は、まず一流のクライアントではないと思っていいでしょう。

ひどい人は、「情報なんて、タダみたいなものだろう」と思っていることすらあります。

また、うまくコンサルタントに近づいて、有益な情報だけを盗もうとする人もいます。

そのような人は、見ていてわかるものだし、仕事になどなりません。いや、ならないほうがいいのです。それによって、自分自身の価値が下がる可能性があるからです。

コンサルタントによっては、「お試し」を導入している人もいます。契約前に「お試しの無料相談」をして、気に入ったら契約をしましょうというものです。これも、お客を見極めるいいツールです。

よいお客さんというのはお試しの後、すぐに契約につながります。すぐに契約の話をくれる人は、その後もやる気のよいクライアントだからです。

お客さんによっては、本当に契約していいかどうかを迷っている場合があります。そんなときに無料で相談できることは、とてもありがたいことです（なかには、無料のコンサルティングだけを希望する人もいますが、これは仕方がない）。

しかし、最終的に契約するお客さんは、契約する決心をしてお試しを申し込む場合がほとんどです。お試しでコンサルタントを選ぶのではなく、すでに吟味したうえで、確認のためにお試しをするのです。お試しを入口にして、気に入ったら契約を検討するわけではありません。逆なのです。

まず契約の仮決定、仮決心がある。その次に「お試し」なのです。クライアントは、自分が正しい決定をしようとしていることを確信したがっているのです。

ですから、こちらのよいところを見つけるためにお試しをするのです。したがって、お試しから契約までの時間がとても短いのです。

犠牲を払う覚悟があるか

紹介が紹介を生む仕組みや、コンサルタントとしてのブランディングはわかっていただけたと思います。しかし、わかるだけでなく、実行に移すことが大事です。成功をつかむ人は、「信じて行動」するものだからです。

要は、〝本気かどうか〟の問題です。世の中は、よいことだと思ってもやらない人のほうが多いように思います。たとえば、本に「こうしたらいい」と書いてあることに納得しながら、実際に行動に移す人はどれくらいいるでしょうか。本を読んだ時点では本気だったのに、行動を起こす段階ではそうでなくなることも少なくないのです。
行動を起こすことは、言うほど簡単ではないかもしれません。しかし、それが大半の人の言い訳だし、成功せずに終わっていく理由なのです。

人間は、何かをやると決めたとき、潜在的にそれにブレーキをかけるものなのです。これはどういう意味でしょうか?

人は何かを決断すると、そのマイナス面が見えてくるのです。たとえば、「有名なコンサルタントになろう」と決めると、それによって「自由時間やプライベートがなくなるのではないか」と考えます。それを「嫌だな」と思っていると、こころにブレーキがかかります。

または、何か行動を起こそうと決めると、「面倒だな」「本当に効果あるのか」などと考えるのもそうです。最も多いのは、「時間がない」「お金がない」「自信がない」の3つです。

そのような、無意識のブレーキを踏みながら、一方では「そうなりたい」と思ってアクセルを踏んでいるわけですから、車はなかなか前に進まないのも無理はありません。

ですから、本当にこうなりたいと自分自身で願ったときは、「マイナス要素もあえて受け入れる、犠牲を払う」と決断をする必要があるのです。決断とは字のごとく、「断つものを決める」ということです。つまり、本気かどうかということです。あなたの中でブレーキになっているものは何でしょうか?

自分の中のブレーキを外す方法

自分でブレーキを見つけると言っても、たいていは何がブレーキなのか、よくわからないものです。とくに、コンサルタントはそうです。人のことは、人並以上によくわかるのに、自分のことはまるでわからないものです。これはコンサルタントに限らず、人間とはそういうものなのです。

そして、クライアントがコンサルタントという外部の人間を雇う理由も、まさにそこにあるのです。自分では見えないブレーキに気づき、それに対処するために、第三者の客観的な視点が必要なのです。

また、アスリートがコーチを雇う理由もここにあります。別の視点から見てもらうことによって、自分のブレーキを排除することが目的です。

そして、新しい信念をインストールした状態を**「パラダイムシフト」**と言います。「自分は今までこう思い込んでいたが、実はそうではなかった」と、目からうろこが落ちた状態です。コンサルタントが、クライアントに行なうのも、基本的にはパラダイムシフトなのです。

先ほどのブレーキについてですが、私の場合は、「料金の設定」にブレーキがかかっていました。料金の何がブレーキだったかと言うと、「高い料金設定をしてはならない」ということでした。「もちろん、たくさんいただきたいけれど、そうしたら、クライアントは仕事をくれなくなるのではないか」と思い込んでいたのです。

あるとき、メンターから言われました。「実は、これがブレーキのひとつだ」と。「えっ？」という感じでした。「そうだったのか？」とも思いました。メンターは、こんなことを言ってくれたのです。

「世の中をよく見てごらん。高額であるほど、お願いしたいと思うクライアントだっているんだよ。世の中のクライアントのすべてが、できるだけ安いコンサルティングがいいなんて思っているわけじゃない。私の経験では、高額であるほど、クライアントは自分の知らないことを、あの人は知っていると考えるものだし、成果が出た後にその金額を払う場合、クライアントは自分の決定を誇りに思うようになる。いいコンサルタントだったと、コンサルタントも尊敬される」と。

それを聞いた瞬間、私の中でパラダイムシフトが起こりました。「料金が高いと仕事が減る。嫌だな」という、私の中のブレーキがひとつ外れた瞬間でした。

これは、私だけに限ったことではないかもしれません。料金については、多くの人が私と同じようなブレーキを持ち、クライアントから尊敬されないままでいるかもしれません。

しかしそれ以来、私は**「料金をある程度高くする」**と決断できるようになりました。そして、実際に高めの料金にしたことによって、一流のクライアントが増えたのです。安すぎるコンサルタントは信用されません。というか、相手にされないのです。相手が一流ならなおさらでしょう。

価格に限らず、あなたにも多くのブレーキがあるはずです。それに気づくには、私がメンターから教えてもらったように、人から指摘されるのがいいのです。

私は、メンター以外にもこのような話をします。とくに、コンサルタント仲間は貴重な存在です。自分が成功できない理由がブレーキにすぎないと知るチャンスをくれるし、自分のやり方を見直すきっかけにもなるからです。

ブレーキは、自分の正しさの中に潜んでいます。だから、正しいと思っている考えが、実はそうではないと気づくことが大事なのです。メンターやコンサル仲間を持つことの重要性は、まさにこんなところにあるのです。

コンサルタントの勉強法

ではここで、コンサルタントの勉強法についてお話ししましょう。本を読んだり、多くの人に会って話すなど、そのようなことは、言うまでもなく重要です。しかし、紹介が紹介を生むようなコンサルティングを行なうには、それだけでは不十分です。では、どのような勉強をしたらいいのでしょうか？

ここで、またメンターが出てきます。一番いいのは、そのようなコンサルタントを見つけて、メンターにしてしまうことです。先ほど、「一流の人に応援してもらう」という話をしました。メンターには、そのような人がいいのです。あなたが理想とする人、ロールモデルのような人のそばで、いろいろと学ぶことです。

しかも、メンターは1人である必要はないのです。学べることが多いと思ったら、迷わずメンターを増やしてもいいのです。私には3人のメンターがいます。メンターのよさは、本よりも早く正確に学ぶことができること。とくに、新しいことを学ぼうと思ったら、すでにそれを実行している人の話を聞くことが一番確実です。そして、それを真似してみるのです。

みなさんもごぞんじの通り、学習の基本は「模倣」です。あたかも、その人が自分自身に乗り移ったかのように、仕草や話し方などを真似てみるのです。

そうやって、メンターの雰囲気に慣れること。そして、自分のものにしてしまうことが一番よい勉強法なのです。頭に知識を叩き込むことは、比較的短い時間でできますが、それを「体得」するには、まず慣れることが重要なのです。

では、メンター以外での勉強法でおすすめは何でしょうか？　私の経験ではセミナーに出るのがいいと思っています。「プロローグ」でご紹介したメンターと出会ったのも、あるセミナーの会場でした。このような出会いが期待できるし、さらにセミナーは、実際に役に立つのです。だから私も、年間に200万円ほどセミナーに使っています。

200万円と聞いて、驚かれる方がいるかもしれません。しかし、私のメンターは年間に1000万円以上をセミナーに使っていますから、私などまだまだです。このメンターが使うセミナー代には、海外で開催されるものも含まれています。海外で100万円以上もするセミナーは、「それは、本当にそれだけの価値がある」と言っていました。私はあるとき、「それはそうでしょう。しかし、僕にそれだけの余裕はありません」と言ったところ、このようなことを言われました。

「わかるよ。しかし、これは単なるセミナー代ではない。私の人生の価値そのものだ。私の人生が、よりよくなるための金額だとしたら、どれほどの価値があることか。私は、自分の人生を真剣に考えているんだよ。それを考えると、1000万円はむしろ安い投資だと思う。君は、自分の人生の価値をいくらと考えるのかな？　つまり、自己投資をどう考えるかという問題だ。たとえば、人が株や土地に投資するのは、そこに将来性を感じるからだ。人間は将来が明るいと思えるものに投資をする。しかも、明るいと思える確信の度合が強ければ強いほど、高額の投資をする。君は、自分の将来をどう考えているのかな？」

「もちろん、明るいものだと考えたいです。いや、考えています」

「よろしい。より高い金額を自分に投資すると、それに見合ったリターンが得られる。だから、一流講師の高額セミナーは意味があるんだよ。もし興味があれば、海外のような、なかなか参加できない遠隔地で行なわれるセミナーにも行ってみること。そのようなセミナーに出てありがたいのは、一緒に参加する人たちの雰囲気もつかめることだ。参加者もやはり一流だ。逆に、安いセミナー、または無料のセミナーは、残念ながらそれだけの価値しかない。いや、ときにはセミナーと銘打った、企業の営業活動であることも多い。そのようなセミナーは、あまりお勧めできない。時間の無駄になることが多いからね」

正直に言うと、そのようなセミナーでもいいのかな、と以前の私は思っていました。しかし、今ではそうは思いません。

繰り返しになりますが、結局は、自己投資をどう捉えるかという問題だからです。あるいは、自己投資に対する覚悟の問題と言ってもいいかもしれません。先ほど、犠牲を払うという話をしましたが、投資という点でも、覚悟は必要なのです。

「本当に、投資に見合ったリターンが得られるのか」という質問もあるかもしれません。私の経験では、高額投資であるほど、自分自身の本気度が変わってきます。セミナーで得た情報や人脈を徹底的に活かそう、投資した金額を回収しようという意識が働くからです。

これが、実は自分自身を成長させる動機づけにもなります。だから、実際には投資以上のリターンがあるというのが私の感想です。だから、私のメンターは今でもセミナーに出るのだし、また私自身もそうしているのです。


「もし、本当に自分の人生を何とかしたいと思うのなら、自己投資を惜しんではならない」というのが私の考えです。そして、それが高額であるほど、それ以上のリターンが見込めるのです。株や土地に投資しても、リターンがあるかどうかはわかりませんが、自分への投資ならかなり手堅い、とは思いませんか？

早く成功するには何が必要か？

この章の最後は、コンサルタントとして早く成功するにはどうしたらいいかを考えましょう。まず、「早く成功する」の「早く」とは、どれくらいなのかということですが、本書では、「たった1年で」と言っているので、「1年以内」を目処にすることにしましょう。

ずいぶん細かい話のように思われるかもしれませんが、期間を決めることは重要です。これは、たとえば、「1年以内に紹介が紹介を生むコンサルタントになる」と決めます。

自分自身との約束でもあるのです。コンサルタントに絶対必要な資質として、「真摯であること」とお話ししましたが、これは自分自身に対しても言えることです。

自分自身に対して、どれだけ真摯でいられるか。まじめにそれに取り組むことができるか。自分との約束は、どうしても甘くなりがちですが、ここが本当の意味で成功するポイントではないかと思うのです。「私は、まだまだ自分に甘いです」と思う人は、見込みがあります。

なぜなら、本当に自分に甘いとしたら、そのような厳しい評価を自分にはしないものだからです。だから見込みがある。だからと言って、その場に留まっていてはいけません。

ところで、1年以内に紹介が紹介を生むコンサルタントになると決めた場合、そのためには何が必要なのでしょうか？　もちろん、これまでお話ししてきたことも含まれます。

しかし、まだお話ししていないことがあります。しかも、それが最も大事なことかもしれません。それは何か？

それは、**「行動すること」**です。厳密には**「行動量」**です。どんな仕事であれ、成功するためには、ある一定レベル以上の行動量が必要となります。コンサルタントとして必要な経験を、ごく短期間のうちにやりきってしまうこと。その期間内に、必要な行動量を達成してしまえばいいのです。

行動量について、ある有名な話があります。

私は、小学生の頃からビートルズが大好きでした。よく父とドライブに行くと、車の中で父は、いつもビートルズを聞いていました。そのうちに、私も好きになったのです。

さて、1960年代、ビートルズがあれほど成功したのは、なぜだと思いますか？　当時、産業が不振だったイギリスにとって、ビートルズは主要な輸出品でした。歌詞や曲がよかったから？　それとも、才能があったからでしょうか。

では、お話ししましょう。下積み時代、彼らはまだ無名で、イギリス国内ではどこも相手にしてくれませんでした。だから、ドイツに出稼ぎに行っていたのです。

ハンブルグのストリップ劇場。そんな場所で、外国人であるドイツ人相手に、自分たちの音楽のすばらしさをわかってもらおうと、彼らは必死でした。

あまりにも必死でがんばったため、ステージでの演奏時間は週7日、1日8時間にもなったと言います。

ときには、ドイツ人から「ヘタくそ！」と言われることもあったでしょう。「もう、こんなことはやっていられない」と思うこともあったに違いありません。

しかし、とにかく必死で、全身全霊をかけて努力しました。最終的には、1年半の間に270日もの圧倒的な時間を演奏に費やしたと言います。その結果、何が起きたか？

誰とも違う、独自の音楽を作り出すことや、体力的なことも含めて、徹底的に働けるという自信が生まれたと言います。**きわめて短期間で、圧倒的な行動量を達成してしまったから**です。これが、爆発的な成功の理由だと彼らは語っています。

成功するには、歌詞や曲、そして才能も大事ですが、それ以上に、行動量が大切です。マルコム・グラッドウェルが書いた『天才！』（講談社）には、このようなことが書かれています。

「人が、世界で活躍できるくらい一流になるには、だいたい1万時間かかる」と。これを、彼は「1万時間の法則」と呼んでいます。

ビートルズの場合は、1年半で270日、毎日8時間、つまり2160時間だから、本当は1万時間も必要ないのかもしれません。

しかし、もし1年以内にコンサルタントとして成功したいのなら、1年以内に必要な行動量を達成してしまえばいいのです。そのような覚悟を、あなたはできるでしょうか？

実は、この話はメンターから聞いたものです。そのとき、私はこう答えました。

「今の私なら、それを素直に聞くことができます。犠牲にしなければならないものもあるでしょうが、そう決断します。むしろ、才能が大事と言われるよりも、可能性を感じます」と。今、思うと「あのとき」が、私の挑戦が本格的にはじまった瞬間だったのです。

2章

クライアントから信頼される条件

アドバイス業を成り立たせる大前提とは？

さて、コンサルティングのノウハウについてお話しすることにしましょう。まずは、アドバイス業の大前提となる、「信頼関係」の築き方についてです。

コンサルティングをしているのに、クライアントがこちらのアドバイスを聞いてくれないことがあります。

コンサルタントを雇ってはみたものの、アドバイスを真剣に聞くかどうかは別と考えるのです。お互いの信頼関係ができていないときはそうです。信頼関係のないところに、アドバイスを聞いてもらう余地はないからです。

コンサルティングの話ではありませんが、こんな話を聞いたことがあります。

ある合唱団でのことです。年末の第九（ベートーヴェンの「歓びの歌」）を歌うために、市民会館で練習している市民合唱団がありました。楽しくワイワイと練習して、気持よく歌えればいいと考える人たちでしたが、あるとき、何かのツテで、プロのオペラ歌手を指導している、有名音楽大学の先生が登場しました。

「今年の第九の指導をします。私は、徹底的にみなさんを鍛えます」と、彼は宣言したのです。練習は、楽しいものから厳しいものになりました。初日からです。その後、参加しなくなる人も増えました。先生自身はがんばっているのに、欠席者が目立つようになり、ご本人も面白くなかったことと思います。

教授内容はいいのに参加者が減った理由は明白で、先生が十分な信頼を得る前から飛ばしすぎたのです。信頼関係を築くのに、もう少し時間をとるべきでした。そうでないと、どれだけ立派な教えでも、聞き入れてもらうことはできません。ここが、学生相手の音大と市民合唱団のような大人の集まりの違いでした。信頼関係がないと、ジョークすらジョークにならないのです。

コンサルティングも、市民合唱団に近い関係でクライアントと接します。クライアントとは、信頼関係で結ばれているのです。権力のような上下関係ではありません。

権力で、言うことを聞かせられるのは、学校の先生や会社の上司、そして法律だけです。コンサルタントは、権力を持たないアドバイザーだからこそ、相手との信頼関係が必要なのです。それがあるからこそ、「この人の言うことを聞いてみよう」と思えるのです。

本来、アドバイス業とは信頼関係を前提にしています。ですから、アドバイスは聞く気がある人に対してなされるもので、聞く気がない人へのそれは、むしろ迷惑ですらあります。

ここでは、あえてアドバイスと言わず、「指摘」という言葉を使ってみましょう。その意味が実感できるはずです。

そんなときは、どんなにすばらしい指摘でも実行されることはありません。まるで役に立たないばかりか、むしろ逆効果ですらあるのです。

指摘とは、本来聞く側にとっては「痛い」ものだからです。だから、痛みを容認する覚悟がない人にとっては、怒りの原因にすらなります。その気のない人に、こちらの考えを押し付けてはならないのです。

クライアントによっては、コンサルタントのことを「先生」と呼ぶことがあります。これは、信頼しているからとも言えますが、ダメなコンサルタントはこのとき、自分がクライアントよりも「上」になったように感じることがあります。信頼関係が、上下関係に変わらないとも限らない瞬間です。

「先生」と呼ばれることで、それが勉強不足につながることもあります。同時に、クライアントも「先生からの指示待ち」状態になり、自分では考えなくていいと誤解してしまうことにもつながります。

一方、クライアントの中には、コンサルタントを「業者＝下」と見る人もいます。そのような見方が、コンサルタントを本当に下にしてしまうこともあります。

こうなると、アドバイス業はうまく機能しなくなります。コンサルタントが、本当のことを十分に言えなくなる可能性があるし、クライアントがアドバイスを軽んじることもあるからです。

この点は、賢いクライアントはきちんとわきまえているし、コンサルタントも同様にわかっているものです。だからこそ、信頼関係を保つために両者は、意識的にお互いをリスペクトし合いながら働くのです。

その際、コンサルタントは常に真摯であるべきです。それが、今の信頼関係をさらによいものにするのです。

クライアントとの距離を縮めるには？

クライアントから信頼されるには、まずクライアントを信頼しなければなりません。人間関係とは、そういうものではないでしょうか。先ほどの合唱団の先生は、生徒を信頼していなかったに違いありません。

信頼関係の入口は、「この人が好きだ」という感情です。人間は、自分のことを好きでいてくれる人を好きになる生き物です。だから、まずはこちらがクライアントを好きになることが大事なのです。

そのためには、相手に興味を持つことが大切です。具体的には、相手と自分の共通点に目を向けることです。人間は、自分と似た人に親近感を覚えます。これを心理学では「ラポール」と言います。なごやかに心が通じ合った状態です。

これは、相手との共通点を知ることから生まれる感情です。同じ年齢とか、出身地や趣味が同じなど、そのような共通点が見つかると、相手との距離感がぐっと縮まります。

どんなことでもいいのです。仕事とは関係がないことでもいいし、むしろ関係のない話題のほうが、親近感を抱きやすいかもしれません。ラポールを作ることを念頭に、初回ミーティングを行なってみてください。大学時代の専攻、食べ物やワインの話でもいいでしょう。

そのような視点を持っていると相手には、「自分に興味を持ってくれている」と、自然に伝わるものです。誰だって、自分に興味を持ってくれることに、嫌な気はしないものです。ここから、相手もあなたに対して興味を持つようになるのです。

もし、そのような共通点がない場合は、共通点を作り出せばいいのです。これは、嘘をついて相手に合わせることではありません。たとえば、話すスピードを相手に合わせるとか、相手がボールペンを取り出したら自分も同じように取り出すなど、相手と同じ動作を意識的にするということです。

そのように相手に合わせてみると、やはりラポールが作られはじめます。その結果、相手との距離感が無意識のうちに縮まることになります。最終的には、これが信頼関係を作り、相手に影響力を与える入口になるのです。

コミュニケーションとは影響力を与えること

私の中では、コミュニケーションを定義すると、「影響力」ということです。私が独立したばかりの頃、私が手に入れたいものは、まさにこれでした。

コミュニケーションとは、「意思の伝達を図る」ことと考えがちですが、コンサルタントには、それだけでは不十分なのです。

コミュニケーションとは、相手に伝えて、それによって**「相手の行動を変えていくもの」**でなければならないのです。これが影響力です。言葉の力を使って、相手の信念を変えていくことと言ってもいいでしょう。

信念とは、簡単に言うと「思い込み」のことです。「相手の行動を変えるには、まず相手の信念を変えなければならない」――コンサルタントが、クライアントに影響力を与える極意は、この一文にあると言っていいでしょう。

コンサルティングでは、「クライアントのこころ」が主なフィールドとなります。もし、アドバイスは聞くが行動は別だとしたら、「行動するほどの価値はない」という信念があるからです。信念がエンジン・オンの状態でなければ、車は走らないのです。

したがって、クライアントに行動してもらいたいと思ったら、相手の信念を変えればいいのです。これは、子どもの勉強を考えてみればわかりやすいでしょう。勉強しない子どもに向かって、いくら「勉強しなさい」と言ってもあまり効果はありません。

その代わり、「勉強って、なかなか楽しい」と思わせるような経験をさせると、進んで勉強をするようになります。

たとえば、親と一緒に毎日1時間だけ勉強するとか、それもゲーム感覚を取り入れて勉強する、やった後にすごくほめられるなど、そのようなやり方をすると、子どもの「勉強は面白くない」という信念が「面白い」に変わります。後は点数が伸びるから、勉強はさらに楽しくなり、信念は「確信」に昇格することになるのです。

クライアントも同じです。もし、業績アップに限界があるとしたら、その原因は「自分は正しいことをやっている」という信念にあるのかもしれません。

とくに、過去の成功体験が、今の信念を作り出しているケースも多いと思われます。その体験が強烈であるほど、信念は強固な確信になります。そして、それを否定することは、自己否定することに等しくなるため、感情的に正しいと思い込みたがっている場合もあります。

その結果、業績は横ばいになってしまうのです。

一方、信念が変われば行動が変わります。自己否定を伴うこともありますが、行動に移してもらうことができます。すると、成果が出るようになります。

アドバイス業とは、**相手の信念を変えること**に、その真髄があります。そのようなレベルで、日頃のコミュニケーションを見直す必要があるでしょう。

クライアントの真のニーズを把握しているか？

ではここで、クライアントの真のニーズについてお話ししましょう。「目の前の問題を解決してほしい」は、もちろん重要なニーズです。しかし、彼ら（クライアント）が究極的に求めるものは、「コンサルタントから学ぶ」ことです。

人間は、いつまでも他人を必要とするような生き方をしたいとは思っていません。コンサルタントがいなくてもやっていける、と彼らが確信できることが、最終的なクライアントのニーズなのです。

そのためには、コンサルタントから早く学んで早く自立しなければなりません。これは、「成長すること」と言ってもいいでしょう。これが、クライアントの真のニーズです。

クライアントが成長してしまうと、長期的にはコンサルタントは必要ではなくなります。コンサルタントの多くはそう考えて、できるだけ長くクライアントと付き合おうとします。しかし、医者と患者の関係を考えてみましょう。患者は、少しでも早く、通院しなくてもいい状態になることを望んでいます。そして、良識ある医者は、その手助けをします。そのような医者のほうが、患者にとっては信頼できるはずです。もし、自分の儲けを考えて、患者の通院を長引かせるとしたら、そのような医者には問題があると言っていいでしょう。先ほど話した「真摯さ」にも欠けています。

クライアントもまた、同じことを望んでいます。したがって、コンサルタントは問題を解決する手伝いだけでなく、クライアントが早く自立できるような「学び」を与えることを念頭に置くべきなのです。

私の経験では、そうやって卒業したクライアントは、実は別の案件をいただきながら、長くお付き合いすることが多いものなのです。

そのようなコンサルタントほど、クライアントから頼られ、当然のように紹介が紹介を生んでいくことになるのです。ですから、**クライアントが早く卒業したからといって、コンサルタントの仕事がなくなるわけではない**のです。

コンサルタントが目指すべきことは、「次に同じ問題が起こっても、自分たちだけで解決できる」と、クライアントが確信できるような状態を作ることと言っていいでしょう。

もっといいのは、彼らが「初めから問題を予防する方法を学んだ」と思える状態を作ることなのです。

そしてコンサルタントは、そのような好ましい状態を見て自分自身も満足するし、そのようなコンサルタントを見て、クライアントは感謝をするのです。

実は、クライアントの立場になって考えるとは、このようなことなのです。クライアントは、学びたいと思っている。またコンサルタントは、クライアントができるだけ多くのことを学べるように、コンサルティングを設計するべきなのです。

「善なる環境」を作り出す

学びを促進する環境づくりについて、お話ししましょう。私はこれを、**「善なる環境」**と呼んでいます。そしてこれは、コンサルティングを学びの場にする「地ならし」だと考えています。では、「善なる環境」とは何でしょうか。

それは、クライアント自身が、喜んでセッションに参加したい、セッションが楽しいと思える状態のことです。学ぶのに一番いいのは、「楽しい」と感じてもらうことです。

コンサルティングを問題解決と捉えることは間違いではありませんが、それだけでは、あまりにも面白みがありません。

クライアントは、ときには痛い指摘をされる可能性もあるし、見たくない現実を見せつけられる可能性もあります。クライアントによっては、ちょっとした恐怖を感じることがあるかもしれません。そんなセッションは楽しくないし、誰も好きではないのです。

私は、コンサルティングをサービス業、もっと言うなら「知的なエンターテインメント業」と捉えています。イメージしてみてください。そのように捉えると、セッションが楽しいものになると思いませんか。

実際、クライアントも私のセッションを楽しみにしてくれています。これが、「善なる環境」なのです。コンサルティングとは楽しいものでなければならない、と私は考えています。また楽しいからこそ、クライアントは学ぶことができるのです。楽しさは、人の学ぶ意欲を増幅させるのです。

つまり、楽しければ楽しいほど、クライアントは学びたいというニーズを満たすことができるし、仕事の成果も出やすくなります。

だからコンサルティングは、**「緊張させない」「退屈させない」「難しくない」**ものでなければならないのです。これが、楽しい環境、つまり善なる環境の基本要素なのです。

ここで、コンサルティング業に対する見方を、大きく変えてみてはいかがでしょうか。緊張感の張りつめた会議室ではなく、公園のベンチや広場でセッションをしたら、もっと楽しいものにならないでしょうか。

ちょうど、美容室が「髪を切る場所」と自分たちを定義するか、「快適に美を提供する場所」と考えるかによって、室内やスタッフの雰囲気、さらにサービス内容までがガラリと変わるのと同じです。

そうすることによって、コンサルティングの機械的で無機質なイメージ、恐怖や痛さとはほど遠い「楽しさ」が生まれます。また、そのような楽しさを追求しようとすると、コンサルタント自身にもどんどんアイデアが湧いてくるはずです。

場の雰囲気をマネジメントするには？

善なる環境の作り方について、お話しすることにしましょう。

先ほど、公園でセッションをしたらとお話ししましたが、実際に私のメンターは海岸のカフェで、アイスティーや、ときにはビールを飲みながらセッションをすることがあります。

それほどではないにしても、きちんとしたセッションルーム、あるいは外出先なら、貸し会議室やホテルのカンファレンスルームなどもいいでしょう。ホワイトボードやプロジェクターが整然としていて、グループワークをするような椅子の配置の部屋なら、集中力も高まるはずです。

私のオフィスの会議室は、机や椅子が手づくりの木製バーカウンターとスツールです。もちろん、ホワイトボードやプロジェクターも完備していますが、普通の会議室とは少し違った雰囲気の中でセッションを行なうのもいいものです。

もし、部屋がいつものようなら、何よりもコンサルタント自身が楽しい雰囲気を醸し出すことが大事です。コンサルタント自身が、ピーク・ステート（最高の状態）であること。これが、善なる環境の楽しい雰囲気を作ります。場の雰囲気をマネジメントするのも、コンサルタントの仕事なのです。

ピーク・ステートについて、「メラビアンの法則」をご紹介しましょう。ごぞんじの方も多いと思います。

コミュニケーションにおいて、聞き手が影響を受けるものは「視覚（見た目、表情、動作）」が55％、「聴覚（声の大きさ、話し方）」が38％、「言語（言葉の意味）」が７％というものです。

この結果をもって、「言語によるコミュニケーションはせいぜい７％の影響力しかなく、視覚や聴覚など、非言語のほうが影響力を持つ」と、一般的には説明されることが多いと思います。また、言語の影響力はたったの7％しかないと結論づける人もいます。だから、言葉はあまり大事ではないというのです（私の実感では、言葉を十分に練ったときとそうでないときとでは、相手への影響力は大きく違うと思っている）。

実際に、アルバート・メラビアンが行なった実験の結論は、「言っていること、話し方、話すときの態度など、これら3つが矛盾していた場合、人は言葉よりも話し方よりも表情や動作などの見た目を優先して解釈する」というものでした。

だから、どんなにすばらしいことを話しても、話すときの表情や動作、見た目、また声の大きさや話し方に気をつけないと台なしになると解釈しています。

ピーク・ステートは、まさしくこれを言い表わしています。コンサルタントの態度や話し方が最高の状態であると、場の雰囲気が大きく変わるのです。

逆に、そのようなことを知らないと、コンサルタント自身が問題を持ち込んでしまうこともあります。ネガティブな発言の多いコンサルタントは、どんなクライアントにとってもあまりよい存在ではない、と私は考えています。**言っていることがどれほど立派であっても、クライアントを暗い気分にさせてはならない**のです。

コンサルタントも人間なので、気分の浮き沈みはあります。もし、自分自身が「ああ、今の私はネガティブな心理状態だ」と感じたら、できるだけ気分を変える努力をしていただきたいのです。それには、身体を使うといいのです。

たとえば朝、仕事のことを考えて、自分がネガティブな気分だと感じたら、その場で、「YES！　YES！　YES！」と言いながら、30秒ほどジャンプをしてみてください。目線を上方斜め40度くらいにして、これをやってみるのです。驚かれるかもしれませんが、たったこれだけのことで、気分がすっきり晴れるのです。

しかし、これにはきちんとした理由があるのです。世界最高の成功コーチ、アンソニー・ロビンズが提唱している理論です。

意識が落ち込んでいると、どうしても発言はネガティブになります。「どうせ駄目だ」といった言葉が出がちです。そんなとき、人はたいていは肩を落として、しょんぼりとした姿勢をしているものです。

するとどうなるか？　意識の落ち込みはさらに続き、本当にダメな自分ができ上がります。ここに、アンソニー・ロビンズのユニークな理論があります。意識が先で、言葉や身体は後のように思われますが、実は言葉や身体の状態が意識に逆流しているのです。

ずっと落ち込んだままの人というのは、ずっと落ち込んだ姿勢や言葉を続けているから、ずっと落ち込んだ気分から抜け出すことができずにいるのです。つまり、意識は姿勢や言葉に影響されるというのです。

一方、元気ハツラツで、いつも上を向いて歩いているような人は、落ち込みとは無縁です。落ち込んでいないから元気ハツラツと考えがちですが、本当は姿勢が元気ハツラツだから、気分も元気になるのです。言葉も、「おはよう！」と元気そのものです。

そんな人は、落ち込んでも、すぐに意識的に姿勢や言葉をポジティブにして立ち直ることができるのです。もし落ち込む機会があったら、意識的に姿勢や言葉を元気ハツラツにしてみてください。その効果を実感していただけることでしょう。

私は、プレゼンやセッションの前などは、意識的にこの「ＹＥＳジャンプ」をするように心がけています。それによって、自分自身をピーク・ステートに持っていくのです。

つまり、身体的な状態が重要ということです。どのような状態を続けるかによって、自分の意識もその状態を続けることになるのです。だから、落ち込んだ意識を変えたければ、身体と言葉を強制的にポジティブな状態にすることで、意識もポジティブに変わります。

それだけのことで、一瞬にして元気なコンサルタントが完成します。

ときには、クライアントがネガティブな雰囲気の場合もあります。たとえば、議論が煮詰まったときなどです。

そんなときは、いったん休憩を入れて、再開するときに、同じようにＹＥＳと言って、ジャンプしてもらえばいいのです。

私の経験では、それだけで場の雰囲気が大きく変わります。あるクライアントでは、会議室で40人ほどの大人がいっせいにYESジャンプをして、部屋が揺れたこともあります。それ自体が、面白かったことも影響しているのでしょうが、効果は絶大でした。トランプを切るように、場の雰囲気がシャッフルできて、活発な意見を引き出すことができました。

コンサルティングを成功に導くグランドルール

次に、セッションでの「態度」「接し方」についてお話しすることにしましょう。これも、善なる環境を大きく左右する要素です。先ほど、身体や言葉の遣い方が、意識に逆流すると言いましたが、セッションをリードするうえで、とくに言葉遣いは大切です。

コンサルタントは、クライアントの発言に対して、「しかし、こういう考え方もあります」という言い方をすることが多いのですが、クライアントにとっては、これはあまり気持ちのいいものではないこともあります。「しかし」という言葉遣いに自分自身が否定されたと感じるからです。

それがどんなに正論であっても、クライアントによってはムッとされることもあります。

クライアントに楽しんでもらうためには、「しかし」「いや」「でも」「ではない」といったネガティブな言葉遣いは禁句にしたらどうでしょう。その代わりに、**「そのうえ」「そうです」「さらには」「です」**といった言葉を遣うようにしてみてはいかがでしょうか。

「しかし、こういう考え方もあります」ではなく、「そのうえ、こういう考え方もあります」といった具合です。同じことを言うにしても、その場の雰囲気がまるで違ってきます。

言葉として、「しかし」を使ったほうが正しい場合でも、あえて「そのうえ」でつなぐのです。これで、意外と問題なく会話は続くものだし、意見も活発に出るようになります。

つまり、クライアントが無意識にネガティブ感をまとわないようにするためには、コンサルタントの言葉遣いが重要です。

セッションでの接し方について、もう少しくわしくお話ししましょう。実は「グランドルール」と呼ばれているものがあります。セッションでの、コンサルタントの「基本的な態度」をまとめたものです。

もともと、私が理事をしている（財）ブランド・マネージャー認定協会で推奨しているもので、正式には**「ファイブ・グランドルール」**と言い、次の5つになります。

1 「ほめる」

2 「聴く」
3 「待つ」
4 「受け止める」
5 「楽しむ」

では、ひとつずつ見ていくことにしましょう。

まず、ひとつ目は**「ほめる」**です。これは、クライアントの外見やネクタイの色などではなく、その発言をほめるということです。しかし、何もお世辞を言うわけではありません。

また、自分が「いい人」と思われたくてほめるのでもありません。「何を言っても、受け入れてもらえる」という安心感を与えて、発言を促すためです。

どんな人でも、「ほめられすぎて飽きてしまった」と思うことはありません。ほめることは、その人に対して、「もっと発言しよう」「もっと参加しよう」「もっと貢献しよう」というモチベーションを与えることになります。

逆に、どんなことをしてもほめられないと、人はやる気を失います。これを「学習された諦め」と言います。何をしても無駄だと悟った状態です。何を発言しても認めてもらえないとしたら、誰でもやる気を失います。

そこで、「認める」ということを、わかりやすく表現するのが「ほめる」という行為なのです。実際、多くのクライアントはほめられたがっています。

グランドルールの2つ目は、**「聴く」**です。「聞く」というよりも、「聴く」なのです。つまり、クライアントの話を傾聴することです。相手が話しているときに、話に割り込んで自分の意見を言いたがるコンサルタントは、これができていません。

まずは、聴くことに集中し、自分がしゃべるのはその次にします。聴く姿勢は、相手の存在価値を認めてリスペクトしていることを示すことになります。その結果、相手の自尊心も高まるため、一種の報酬を与えることになるのです。

また、聴くときのこちらの態度も大事です。よく、腕組みをして相手に向かい合う人がいますが、これはよくありません。腕組みは、「相手に防衛線を張っている」という印象を与えます。

すると、相手も無意識のうちに防衛線を張って、発言が少なくなります。腕組みは、傾聴する態度には見えないからです。ですから、「傾聴していますよ」ということを示すためにも、腕組みは厳禁です。もし、立った状態でコンサルティングをするのであれば、腕はストンと下におろしたままで、じっくりと聴くのがいいでしょう。

3つ目は**「待つ」**ということです。質問をすると、相手が考え込むことがあります。長い場合は10秒、20秒と、腕組みをしたまま考え込むことがあります。

そんなとき、コンサルタントはすぐに別の質問に切り替えたり、助け舟を出したりします。しかし、クライアントは「わからないから黙っている」のではないのです。「考えを整理していて、まだ言葉にできない」だけなのです。これを、生産的沈黙と言います。

この状態は、アイデアが生まれる前の、非常に重要な沈黙です。相手は、最高の答えを最高にわかりやすく言葉にしようとしています。それを遮ってはならないのです。

ところで、「待つ」は先ほどの「聴く」とセットと考えていいでしょう。「最後まで聴く」という意味でも待つのです。繰り返しになりますが、クライアントがしゃべっている途中で、コンサルタントが話を遮って話しはじめてはいけません。

クライアントは、コンサルタントの話を聞きたいと思っている以上に、本当は自分のことが話したいのです。自分のことをきちんとわかってくれたうえで、コンサルタントにいろいろとアドバイスしてもらいたいのです。

4つ目は、**「受け止める」**です。ときには、クライアントから、反論や感情的な反発を受けることがあります。そんなときは、いったんはそれを受け止めるのです。

仮に、相手が自分と違う考えであっても、それを否定してはなりません。発言の否定は、相手にとって存在の否定につながり、結果的に発言を少なくさせることになるからです。

反論を受け止めるとは、「理解する」ことと考えてもいいでしょう。否定しないと言いましたが、肯定することでもありません。相手の考えに妥協点を見つけることではなく、違いを違いとして理解することと言ってもいいでしょう。

これも、先ほどの「ほめる」にも通じるのですが、「私は、あなたの存在価値、発言の価値を認めている」と伝えることにもなるのです。相手が参加してくれていることに感謝して、相手に対して敬意を払うのです。

グランドルールの最後は、**「楽しむ」**です。本来、善なる環境は、楽しめる環境を作ることでした。それなのに、グランドルールでも「楽しむ」が出てくるのはなぜかと思われるかもしれませんが、簡単なことです。

先ほど、「姿勢や発言が意識を作る」と言いました。楽しむ姿勢や楽しい発言が、楽しい気分を生み出すのです。楽しもうとしなければ、どんなことも「まあまあ」「まあ、楽しいかな」で終わってしまいます。

コンサルタントとの濃密な時間を、最高に楽しく過ごそうと考えるクライアントは、すばらしいものです。コンサルタントが、楽しくしようと努力するように、クライアントもまた、意識的に努力することが大事なのです。

私は、大人数を相手に集合セッションを行なう場合、このファイブ・グランドルールをクライアントに紹介することがあります。

つまり、このルールはコンサルタントだけでなく、クライアントにも意識していただきたいことだし、ときには「セッションのルール」として守ってもらいます。

とくに、「楽しみましょう」は、必ず言っておきたいことです。逆に、誰かの話を否定する人、話の腰を折る人に対しては、あらかじめ釘を差しておきます。コンサルティングとは、そこに集まった参加者全員で作り上げていくものなのです。

クライアントからコンサルタントへの感情的反発に、どう対処するか？

クライアントによっては、コンサルタントに反感を持つ人もいます。とくに、私のように企業をお客さんにしていると、「コンサルタントなんてナンボのものか」という態度で接してくる人もいます。そんなクライアントには、どのように対処したらいいのでしょうか？

この問題は、多くのコンサルタントが一度は経験することではないでしょうか。仕事を通じて、クライアントとの間にはさまざまな問題が起こります。ときには、コンサルティング自体、失敗すればいいのにと考えている人もいます。

それは多くの場合、コンサルタントへの嫉妬だったり、たとえば会社がコンサルを入れることで、自分自身の仕事が否定されたように感じる人が少なくないからです。

そんなクライアントに対して、コンサルタントは「嫌なお客だ」と思うことが多いものです。私も、かつてはそうでした。

しかし、私はあるときから、そのようなネガティブな感情を持たなくなりました。それについては、4章でお話しすることにします。

ここで、あなたに提案したいことは、**「すべては、自分自身に原因があると考えてみてはどうか」**ということと、**「クライアントを、立派な大人とみなしてはどうか」**ということです。

なぜ、そう思うのかというと、こちらが「嫌なクライアント」だと思うことが先方に伝わって、こちらに対しても、「嫌なコンサルタント」という意識を生み出すからです。

だったら、こちらの「クライアント観」を変えてみてはいかがでしょうか。何よりも、相手をジャッジしないことです。「このクライアントはこうだ」とか、「この人はこういう人間だ」と決めつけないことです。それをやると、そこだけしか見えなくなるからです。視点が認識を作るのです。

「あの人は、自分のことを嫌っている」と認識していると、そのクライアントのよいところが見えなくなるのです。そうではなく、「なぜ、この人はこのような考え方をするのだろう」と、ｗｈｙの視点から眺めてみることが大事なのです。

つまり、相手を毛嫌いするのではなく、その人に対して、こちらが興味を持つことです。するとと、その人もこちらに興味を持ちはじめます。

人は、自分に興味を持ってくれる人を好きになるものだからです。すでにお話ししましたが、まずは、相手から好きになってもらうように、お互いの共通点を探すことからしてみてはいかがでしょうか。

コンサルタントが、前向きにやるべきことをやっていくと、解決することは多いものです。先ほどの、「会社がコンサルタントを入れることで、自分の仕事が否定されたように感じる場合」もそうです。そこにも、その人自身の思い込みがあります。本当はそうではないのに、否定されたと思い込んでいるのです。

相手の思い込みを書き換えるのは、コンサルタントの役目です。だから、これも私たちの仕事なのです。

そんなときは、たとえば、会社がコンサルタントを雇った理由を、上司やプロジェクトの責任者にきちんと語ってもらえばいいのです。

そのようにして、責任者に語ってもらうことができると、その人の思い込みが外れます。そういうことを提案するのも、コンサルタントの仕事なのです。影響力のあるコミュニケーションとは、そういうものも含まれます。

「すべては、自分に原因がある」と考えることはたいへんかもしれないし、理不尽かもしれません。でも、本当はもっとできることがあるのに、それをやらずにいるとしたら、どうでしょうか。「自分では解決不可能な問題だ」と、コンサルタント自身が思い込んでいるとしたら……。

そう考えると、反発するクライアントを嘆くより、「自分は、コンサルタントとして十分なことをやってきただろうか。とくに、サービス業として、お客様の満足を高めるような楽しい場所を提供してきただろうか」ということを、反省してみるべきではないでしょうか。

3章

的確なアドバイスはどのようになされるか？

コンサルティング実施の6つのステップ

では、コンサルティングの核心である、アドバイスの作り方について考えてみましょう。コンサルティングには、いくつかのタイプがあります。クライアントで言えば、「個人向け」「企業向け」、アドバイスの仕方としては「メンター型」「プロジェクト型」などです。

メンター型は、一対一でクライアントの話をじっくりと聞きながらアドバイスをしていくものです。またプロジェクト型は、1人のコンサルタントが複数人いるクライアント・チームに対して、ファシリテーションをしながらアドバイスをしていくものです。

基本的には、クライアントとアドバイスの仕方を掛け合わせてコンサルティングのタイプが決まります（たとえば、企業向けプロジェクト型コンサルティングなど）。この章では、どのような組み合わせでも通用するアドバイスの作り方をご紹介します。

アドバイスを作るには、いくつかのステップがあります。どのようなコンサルティングであれ、次の6つのプロセスを踏むことになります。

1　課題を知る

2 調べる
3 コンサルティング・セッションの設計をする
4 セッションを実施して解決策を提示する
5 報告書を提出する（レポーティング）
6 事後フォローアップ

たとえば、個人向けメンター型コンサルティングのように、クライアント自身がメモを取ることで用が足り、レポーティングを必要としないものもあります。しかし、まずはこの段階に沿ってお話ししましょう。また本文中では、私自身の経験をお話しします。

そのため、事例が私自身のコンサルティング分野の話になりがちですが、ご容赦ください。それを、あなたの分野に置き換えて、「そういえば、あのお客さんで同じような経験をしたなあ」と、思い出しながら読んでいただければと思います。

複雑な問題の場合、クライアントはそれをうまく説明できない

まず最初にやるのは、「課題を知る」ことです。アドバイスをするには、クライアントの

問題を把握することが大事です。世の中で起こることは、すべて「原因と結果の法則」に基づいています。クライアントが、現状に満足していないという「結果」には、必ずその「原因」があります。これを聞くことが、最初のステップです。その解決策、つまりアドバイスとは、この原因に起因している問題を取り除くことを言います。

どのような案件であろうと、クライアントの考えを聞くことなく、適切な解決策が出ることはありません。当たり前のように聞こえるかもしれませんが、クライアントから、自分自身が考えている問題がどのようなものか、説明をしてもらうことが最初の一歩です。

そのとき、ろくに相手の話も聞かずに、定形の解決策を出すコンサルタントもいます。そのほうが、クライアントにとって効率的と考えているのかもしれません。

しかし、そのような短期間で、本当の問題がわかってしまうのでしょうか。この章の最後に出てくる「退化」がはじまっているかもしれません。

まずは、最後まで相手の話を聴くこと。そして、そのための質問をする。コンサルタントとしては、そのような態度が大切です。

じっくりとクライアントの話を聴くことは当然として、もっと大事な話をしましょう。

いくつもコンサルティングをしてきて、私は、ある面白いことに気がつきました。それは、「簡単な問題はともかく、複雑な問題についてクライアントは、自分の言葉でそれを言い表わすことができない」ということです。

あるクライアントでのことです。有名な大手飲料メーカーでした。その会社では、過去3年間に8つの新製品を出してきましたが、すべて不発に終わっていました。

そこで、ヒット商品開発のために私が呼ばれました。私は、何人かの方に、何が問題なのか、お話をうかがいました。

「競合の後手に回っている」「競合がすぐに真似をする」「開発段階でのコンセプトが、営業にまで伝わっていない」「開発段階で営業の意見が反映されない」など、さまざまな意見が出ました。他部署への責任転嫁や、ときには矛盾することを指摘されることもありました。膨大な情報は集まったのですが、何が問題なのか、よくわかりませんでした。

このクライアントだけではありません。他でも、クライアントは、複雑な問題を概念化する能力に欠けていることがあり、単純な表現力の問題のこともありました。ボキャブラリーの問題と言っていいかもしれません。

しかし、それ以上に多いのは、本当に何が問題なのかを、彼ら自身がきちんと把握しきれていないことでした。

何も、クライアントのレベルが低いと言っているわけではないのです。**クライアントは、自分自身のことが一番よくわからない**のです。私自身もそうです。コンサルタントですら、自分のことはよくわからないものなのです。

正直、いろいろなことを知りすぎていて、本当の問題を認識できなくなっているのです。とくに、「あれも問題、これも問題」と、次から次へと問題を挙げるクライアントは、まさしくこの状態と言っていいでしょう。これを、〝金魚鉢症候群〟と言います。

〝金魚鉢症候群〟という言葉を聞いたことがあるでしょうか？　丸いガラスでできた、金魚鉢を想像してください。外から見ると、金魚鉢の形は一目瞭然です。誰が見ても、一目でそれとわかります。

しかし、内側にいる金魚の目で金魚鉢を眺めたら、いったいどのように映るでしょうか。きっと、茫洋としていて、自分が住む世界が、丸い形のガラスになっていることすらわからないでしょう。

クライアントを、金魚に喩えるのは気が引けますか、内側にいると見えないことが多いのです。自分のことが一番よくわからないのです。だから、「あれも問題、これも問題」と、思いつくまま挙げてしまうことになるのです。

だから、金魚鉢の外にいるコンサルタントが、「このようなカタチ」と教えることに、価値が生まれるのです。これが、クライアントにとってどれほどありがたいことかは、言うまでもありません。何より、問題解決のスピードが格段に上がるし、何が問題かわかってしまうと、打ち手が見えてきます。

クライアントからの「これが問題です」という指摘は、問題をそのように考えていると認識するに止め、一方で「これが、本当に問題なのだろうか」という疑問符を持って、説明を聞くほうがいいのです。

コンサルタントは、金魚鉢症候群から一番遠い所にいます。そのメリットや強みを活かして、「クライアントで起こっている、普通ではないこと」や「クライアントの言外にある情報」に敏感になることが大切です。

初めて、クライアントに会って話を聞くときのポイントはここです。クライアントが、的確に説明してくれるなどということは、あまり期待してはいけません。後になって、「聞いていない」など、クライアントにエクスキューズすることも、あまり格好のいいものではありません。むしろ、提供されないものの中に、本当の情報が含まれていると思って話を聞くほうが賢明でしょう。

先ほどのクライアントの続きです。ヒット商品不発の原因について、ひと言で言うと、誰もよくわからない状況なのだということがわかりました。

「開発部の責任か、開発だけでなく、営業まで含めた全社全体の責任なのか、いや市場環境のせいで、われわれは誰も悪くないのではないか……」といった声もありました。

しかし、さまざまな情報を並べてみて、気づいたことがありました。「自己の能力に対する過小評価、自信喪失、焦り、諦め」など、このようなものが、開発そのものの可能性を小さくしていると思われたのです。つまり、彼らのセルフ・イメージの問題です。3年間もうまくいかなかったことによる、目に見えない心理的な疲弊が原因だとわかりました。

そこで、開発だけを梃入れするのではなく、全社全体がもっと自信を取り戻せるような開発体制を提案することになったのです。結果は大成功でした。

1年後、4つの新製品を発売し、そのうちの3つがヒットしたことで、たいへん喜んでもらうことができました。

そして、その開発体制がそれ以降、このクライアントのスタンダードになったのです。

実は、クライアントの話の端々に出る口癖や傾向などに、本当のことが含まれていることがあります。まるで、吸い取り紙にでもなったかのように、子どものような「新鮮な目と耳」、そして「コンサルタントの知覚」で情報を取り込み推理すること。それらの情報をつなぎ合わせて、「行間を読む」ことです。

コンサルタントの、単純だけど重要な質問とは？

次に、**「調べる」**について考えてみましょう。クライアントが、問題を明確に特定できないのであれば、コンサルタントが特定するしかありません。しかし、コンサルタント自身が問題を見抜けないこともあります。少し耳が痛い話ですが、能力の問題でしょうか？

能力の問題もあるかもしれませんが、私の考えでは、コンサルタント自身の知的好奇心が不足していることが原因です。

たとえば、クライアントが製品の売れ行きで困っているとします。そんなとき、彼らの話ばかりを聞いていても仕方がありません。まずは、売場を見ることが大切です。

できたら、クライアントから具体的な話を聞く前に、何の情報も持たず、まっさらな目で売場を見てみるのです。

そのようなコンサルタントなら、結果を出すことができます。クライアントからの偏見を避けるのです。単純なことなのに、そうしない人もいます。なぜ、現場を見ないのでしょうか。

「現場を見る」「売場に足を運ぶ」は、まず最初に思いつくことです。これは能力の問題ではなく、好奇心の問題と思われます。

私も、必ず売場を見ます。もう、自動的にそうします。現場には、多くの情報があるものだし、そこで単純な疑問を抱くことが多いからです。「なぜ、このようなことになっているのか？」という感覚です。この「なぜ」は、とても重要です。

クライアントにとっては当たり前のことでも、事情をよく知らない外部の私には非常識に見えるのです。これが、私の強みです。先入観を持たない状態で、現場を眺めることができるのです。

そこから、クライアントの発想とはまったく別の解決策を導き出すことも可能です。私のような外部の人間は、少なくとも「自分が知らない」ということを知っています。「知らない」が、知っていること以上に価値を発揮することがあるのです。

そのように、独自に調達した情報をベースにクライアントの話を聞くと、面白いことがわかります。彼らの「思い込み」が見えてくるのです。その思い込みがあるから、現在のような行動をとり、その結果、思わしくない現実に直面しているという図式が見えてきます。

つまり、問題の本質はクライアントの思い込みがおおいに関わっているのです。クライアントに、彼ら自身の思い込みを伝え、そして彼らがそれに気づくことができると、それまでの考え方ややり方が滑稽に見えてくることすらあります。

そんなとき、クライアントはコンサルタントに感謝をします。それまでの世界観が変わる瞬間です。目からうろこが落ちたような気分で、将来に希望を感じるようになります。まさに、アドバイス業の醍醐味を感じる瞬間です。

つまり、「調べる」の重要ポイントは、**「クライアントの思い込みを知ること」**なのです。そのような目的を持って、話を聞くといいのです。その際、最初は**「なぜ」**を聞くことが多いと思います。「なぜ」の先には、彼らの思い込みがついてきます。同時に日頃、クライアント自身が理由もなく行なっていることを、あらためて考え直させる質問です。

さらに、**「どうしたらできると思うか？」**も、いい質問だと思います。「なぜ」だけだと、どうしても欠点やできていないことの指摘になりがちで、そこから先の発想も、弱点克服型のものになりがちです。

その点、「どうしたら」は、未来志向でプラス面を見ることができる質問スタイルです。前向きな発想を促すよい質問と言っていいでしょう。案外、この段階で解決策が出てしまうことも少なくないのです。

「質のよい的確な質問」をすることは、容易なことではありませんが、コンサルタントがプロとしてやっていくうえで必要な要件なのです。

☑ コンサルティング・セッションの基本設計

次にくるのは「コンサルティング・セッションの設計」です。当然ですが、当日を迎える前には、準備が絶対に必要です。まずは、クライアントとのセッションを完璧なものにすることを念頭に、セッション自体のシナリオを作ることです。

まず最初に、セッションの目的がクライアントと共有されていなければなりません。当たり前のように聞こえるかもしれませんが、クライアントによっては、ここがコロコロ変わることがあります。こちらの目的とクライアントの目的が、必ずしも合っていないこともあります。

次に、セッション・フローを描くことです。2時間の内容なら、最初にこれを話して次にここを検討し……といったことです。フローを描くことができると、セッションに自信が持てるようになります。

クライアントとのやり取りは、ジャズのセッションと同じです。コンサルタントとクライアントは、お互いに「演奏者」として絶対的に信頼し合っています。そして、そのときの気分や雰囲気によって、アウトプットが生き物のように変化します。ファイブ・グランドルールや善なる環境を作っておくことが大事なのは、そのためです。

同じように、両者の波長によって解決策がどんどん湧き出してくるのです。したがって、波長を最大限ポジティブに活用するように、セッションの設計では「曖昧さ」を残すことが重要なのです。ここに一見、パラドックスがあります。

これは、いい加減なフローを奨めているわけではなく、完璧であるために柔軟性を含ませるのです。フローの曖昧さは、セッションの柔軟性に通じます。そこで、あえて、「あそび」の部分を残しておくのです。

ただし、あそびが多すぎてはなりません。つまり、すべてを「奏でる音」に任せてはならないのです。セッションの時間は決まっているため、その時間内に結論に到達できるように、アジェンダを組むことが大事です。

たとえば私は、次のような簡単なセッション・フローを用意しています。

1 オリエンテーションとこちらからの課題提示（20分）
2 チームに分かれて課題のフリーディスカッション（10分）
3 チームごとの課題発表（10分）
4 共通意見として課題のまとめ（20分）
5 解決策の自由なアイデア出し（30分）
6 解決策の体系化・構築（20分）
7 まとめ（10分）

これで、120分のセッションになります。「フリーディスカッション」や「自由なアイデア出し」などが、「あそび」の部分になります。たいていは、もっと具体的な内容が書かれることになるのですが、だいたいこのようにフローをまとめておけば、タイム・マネジメントを兼ねながら、セッションをゴールに導くことができます。

セッション・フローを描くときに、成功イメージも同時に描くことができます。

むしろ、私は意識的に成功イメージを描くようにしています。具体的には、セッションを頭の中でシミュレーションします。これを何度も行なうと、フローそのものを見直すきっかけにもなります。

「このテーマはここではなく、こちらで取り上げたほうがスムーズだ」とか、「このテーマは、むしろ話を混乱させるから削除しよう」などといった見直しができます。要は、想像力を働かせるのですが、そうすると自然とよりよいフローに仕上がることになるし、その結果、絶対的な成功を確信できるようにもなります。

2章で、コンサルタントのピーク・ステート（最高の状態）の作り方をお話ししましたが、このプロセスも、ピーク・ステートに持っていく効果的な方法です。

セッション・フローの完成度が高まれば、クライアントの笑顔や歓びの声が想像できるようになるし、そのイメージが快感にすらなります。

もう、この時点でセッションは80％成功と言っていいでしょう。

クライアントが抱える「しがらみ」

さて、このようにしてセッション当日を迎えました。「セッションを実施し、解決策を提示する」段階です。クライアントは、明確な答えを期待しています。

そこで、次のような言葉が出てきます。「○○をするべきです」と。ここで、クライアントが「そうですね。そうしましょう」と、無条件に賛成してくれた場合、コンサルタントは勝利感を持つのですが、ときには言葉を濁すこともあります。

私がよく目にしたのは、「それをやるには、これくらいの先行投資をしなければならない」という場合です。

あるクライアントでのことです。伝統のある、有名な日本企業です。本格的なグローバル化の時代を迎えて、低価格を売物にするアジア系企業が競争相手になりました。価格を落とさずにビジネスをするために、本物のブランド力が求められるようになりました。

そこで、グローバル・ブランディングを発進しましょうということになりました。ここまでは、全員一致で賛成でした。しかし、「それにはこれくらいのお金が必要になります」という話になったとたん、全員が言葉を濁しました。

そのような場面も、いくつか見てきました。そんなときは、たいていクライアントが納得していないか、「本当に、自分にそんなことができるのか」と思っているときなのです。

さらに、クライアントの躊躇感は「しがらみ」からくることが多いことも知りました。

つまり、非効率的に見えることでも何らかの理由、とくに業界特有の慣習やそれまでのクライアント独自のやり方などがある場合です。ときには、「痛いアドバイス」をしなければならないこともあります。

あるクライアントでのことです。大手企業向けの研修会社でした。幹部候補生向けの、100万円以上もする高額な研修を売るために、彼らはそれまで、ダイレクトメールを中心に集客をしていました。

しかし、集客の効果はどんどん落ちている状況でした。景気状況も影響していましたが、調べてみたところ、研修に参加する企業では、ダイレクトメールよりも過去の参加者の満足度やその後の活躍度、さらには年功などが決め手になっていることがわかりました。

そこで、ダイレクトメールをやめて、過去に参加した企業がリピートしたくなるような仕組みを作ってはどうか、と提案しました。

しかし、先方は渋りました。とくに、もう10年以上もやっている担当者の上司が嫌がったのです。言葉にはしませんでしたが、過去に膨大な金額を、しかも何年にもわたってダイレクトメールに注ぎ込んできて、それを根本から否定することは、まさしく上司自らの失敗を、社内に表明することに他ならないからです。

クライアントが言葉にしない本音は、先方にとっては痛い本音であることがほとんどです。コンサルタントですら、言いづらいと感じているものです。そんなときは、愛情を持って、包み隠さずに本当のことをアドバイスすればいいのです。クールなアドバイスを、愛の心を持ってすればいいのです。

これはテクニックではなく、そのコンサルタントの人柄です。この研修会社でも、それが決め手となりました。

「もしここで、これまでのやり方を見直すことができたら、みなさんはご自身を尊敬することができるでしょう。また、それで結果を出すことができたら、社内もまた、みなさんを尊敬するでしょう」と。

こちらのアドバイスに、納得をいただいた瞬間です。痛いアドバイスをしても大丈夫なだけの信頼関係を築いておくことが大事なのです。信頼関係の作り方については、すでにお話しした通りです。

一方、いくらクールヘッド、ウォームハートでも、やはりクライアントが痛いと感じるアドバイスもあります。その中で、最も痛いアドバイスは、コンサルタントという立場から正論を押しつけることです。「これこれをするべきです」という言葉の、「べき」の部分です。

これには、正論の響きがあります。または、悪を正す正義のようなニュアンスもあります。しかし、正論自体にジレンマを感じる場合、クライアントは「わかっていてもできないことがある」と感じます。

とくに、その問題を解決することが、クライアント自身の自己否定につながってしまう場合です。問題を解決することによって、自分たちの立場や利益が脅かされるからです。自己否定が求められているのに、それをしない（できない）のは、自分自身が大事だからです。能力がないわけではないのです。

立場が生み出す心理的葛藤の問題。これは、政治でも企業でも、または個人でも見られる一般的なものです。「改革は痛みを伴う」と言いますが、これは真実です。その痛みが激痛であるため、改革が進まないのです。企業の中でも、頻繁に見られる現象だし、改革のスピードが遅くなる原因のひとつです。

さて、自分で自己否定ができないときは、「改革そのものを、利害関係のない第三者に行なわせる」ことが必要です。自己否定できない本人には問題解決が難しいため、第三者に行なってもらうのです。

ある意味、コンサルタントがその第三者の役割を演じることになります。または、クライアント側にいる、そのような第三者を支援するのです。

コンサルタントが理解しなければならないことは、「しがらみはあるけれど、私たちは変わりたいと思っている」というクライアントの意思です。それまで、すべて自前でやってきて、どうしてもうまくできないと悟ったからこそ、第三者に解決を求めたのです。

これは、自己否定の一形態と言えます。また同時に、「謙虚さ」の顕われとも言えます。詰まるところ、クライアントの謙虚さが解決のスピードを早めることになるのです。

いずれにせよ、正論には、ときとしてジレンマがあることを思い知らされます。それなのに、一方的にクライアントを説得しようとしてもダメなのです。押し付けは、クライアントにとってストレスになります。

では、どうすればいいのでしょうか。

クライアントがアドバイスにしたがう真実の瞬間

これまで、正論を悪いもののように書いてきましたが、私自身は正論を完全否定しているわけではありません。クライアントにとって、それがやはり必要ということもあるし、すべての正論がジレンマを抱えているわけでもないからです。

コンサルタントになって、私が学んだことのひとつがここにあります。それは、**「正論であろうとなかろうと、機能するアイデアかどうかが問われる」**ということです。自分がサラリーマンとして働いているときには、あまり考えないことでした。

なぜなら、その頃は当然、自分の中の痛みやジレンマを感じながら、意思決定をしていたからです。しかし、コンサルタントとして他人にアドバイスをするようになってからは違いました。ときには、クライアントがアドバイスに対して渋ることがあったからです。

「ああ、妥当な策でなければ、結局はアドバイスの価値はゼロなのだ」と、私は思いました。妥当な策です。妥協策ではありません。機能するかどうか、実情に合った合目的性を持つ策かどうか、ということです。

そもそも、「正しさ」とは何か、について考える機会でもありました。私にとって、正しいと思えることが、クライアントにとっては必ずしも正しいわけではないことを知りました。

人間は、何を正しいと思うかによって、自分自身の行動を決定します。仮に、殺人のような反社会的行為であっても、それはその人の理屈、合理性、そして正しさに基づく行動なのです。そして、私たち自身の中にも、ときとして殺人を正しいことと考えるケースがあります。たとえば、死刑制度がそうです。何らかの罪を犯した者であれば、死刑も仕方がないと考えるのです。

しかし、人を殺すことには変わりありません。また、死刑制度自体も、導入されたり廃止されたりすることがあります。正しさは変化するものだと証明しているようです。

つまり、**「正しさとは、ときと場合によるし、人の数だけある」**というのが、現在の私の考えです。それをもとに、クライアントへの解決策を俯瞰することも、コンサルタントの大事な仕事だと考えています。

さて、正論のジレンマに話を戻しましょう。コンサルタントは、ときとしてクライアントにジレンマを感じさせてしまうことがあります。そうならないようにするためには、どうしたらいいのでしょうか。

私は、クライアントと一緒に、「アドバイスそのものを考える」ということをしています。そして、クライアント自身の口から解決策を言ってもらうように導くのです。

あるクライアントでのことです。全国展開している有名な量販店です。もうずいぶん前から、消費者はただ安いだけでは買わなくなりました。価格以外にも「むだがなく、エコ志向であること」「子どもやシニア層に配慮していること」などの、多くの要件が必要になってきていたのです。

このクライアントは、安さや品揃えはよかったのですが、それ一辺倒で、時代から取り残されていたのです。ひと言で言うと、「昔のダサい店」と思われていたのです。

これは、たとえ、相手がコンサルタントであったとしても、他人から言われるとムッとしてしまうこともあります。それによって、解決策も出し渋る可能性がありました。

そこで、課題そのものを彼らに言ってもらうことにしました。「このように環境は変わりましたが、われわれはどうでしょうか」と。私はじっくりと答えを待ちました。必ず誰かが、自分たちにとって痛いことを言ってくれるはずだと確信していたからです。

言葉がひとつ、またひとつと出はじめました。そして、最終的にはクライアント側の一番偉い人が「つまり、ダサいとゆうことやな」と言ってくださいました。

この人がそう言ってくれたことで、全員のコンセンサスを取ることができました。その後は、実に妥当なレベルでの解決策が次から次へと出てきました。

やや、自虐的だったかもしれません。

しかし、その自虐的な発想でアイデアを出したのがよかったのです。ある人が出したアイデアです。それは、「ダサさに潜む、面白さを強化したらどうでしょう」というものでした。「それいいね」「それならこうしよう」「面白い、こうしたらもっと面白いね……」など、アイデアは一気に噴出しました。

これが、「アドバイスそのものを一緒に考える」ことのユニークな効果です。最終的には、クライアント自身で問題を解決したような感覚になるのです。クライアントの事情に合わせた具体的な解決策が導き出され、自分自身で問題が解決できると思うようになるのです。そうなるとしめたもので、クライアントは行動を起こしたくてたまらなくなります。これは、非常にセンセーショナルな感覚のようです。これが「驚き」につながります。

そして、回答にたどり着くプロセス自体が、彼らの学びになるのです。コンサルタントは、「あたかも、クライアント自身が問題を解く手助けをしたようなポジション」を取りながら、妥当な解決策とクライアントの行動発進を同時に達成してしまうことになるのです。

コンサルティングのプレッシャーから解放されるには

クライアント自らに解決策を述べてもらうこと。ここに、危うさを感じる人がいるかもしれません。「そんなにうまくいくのか」と。私の経験では、うまくいかなかったことはないと言えます。また、これほど確実な方法は他にはない、とすら思います。

以前の私は、このようなやり方ではなく、こちらからアドバイス内容を作り込むやり方をしていました。このときの成功率は、むしろ低かったと思います。どんなアドバイスも、クライアントを十分に満足させることはなかったのではないかと思っています。

その理由は、アドバイスには微妙なさじ加減が必要で、それを理解していないと、「帯に短し襷《たすき》に長し」といった提案になるからです。

逆に、さじ加減が完璧にできると、痒い所に手が届くような提案になります。しかし、現実にはそのようなことは稀ではないかと思います。

告白すると、私自身、当時はコンサルティングという仕事そのものを、あまり楽しめていなかったと思います。「どうにかまとめよう」、「何とか引っ張ろう」と思うから、いつもプレッシャーや不安を感じていました。「そうしなければならない」と思い込んでいたのです。

こちらの不安は、アドバイスにも影響を与えます。また、こちらの態度にも現われるし、アドバイスも気負ったものや、わかりづらいものになります。その場で、クライアントにさじ加減をするからです。

また、提案をクリアに打ち出すと「ちょっと違う」と言われ、曖昧に表現すると、「わかりづらい」と思われます。

この間で、落とし所を探す作業が必要となるのです。クライアントの様子を見ながら、その場でアドバイスを微調整するのは、なかなかたいへんでした。まるで、綱渡りのようなセッションで、まったく楽しくないのです。

しかし、あるときから「奉仕する」ということを意識するようになって、私のコンサルティングは変わりました。クライアントを引っ張るとかまとめるとか、そのような感情を放棄したのです。

その代わりに、クライアントの意思を尊重したとき、「いかに奉仕するか」を意識するようにしたのです。

「結局は、クライアントが自分自身で問題を解決するしかない。私は、それを盛り上げるのが役割だ」と考えるようになったのです。奉仕を考えるようになったら、自分の立ち位置や役割が客観視できるようになりました。何だか、肩の荷が下りたような感覚でした。

また同時に、コンサルティングそのものを楽しめるようになりました。そして、今では「奉仕をする」から**「楽しんでもらう」**に変わりました。

もちろん、奉仕することも忘れてはいません。クライアントを先導しながら、一緒に楽しむセッションをすることです。これ自体が、奉仕の一形態でもあります。

このやり方によると、どのような結論になるのか、コンサルタントにしてもおぼろげながらにしかわかりませんが、非常に楽しいプロセスです。まるで、冒険のような気分でワクワクするのです。

いわゆる、**〝場の流れにまかせたコンサルティング〟**です。人によっては、賛否両論あるでしょう。とくに、分析型で論理志向の戦略コンサルタントには、このようなやり方を好まない人が多いかもしれません。もともと、私自身もそのようなタイプだったので、よくわかります。

しかし、試行錯誤した結果、やはり場の流れにまかせるほうが優れていると思います。何より、楽しく妥当な解決策にたどり着くことができるからです。

このようなやり方には、ある程度の楽観性が必要です。私自身、とても楽観的なのかもしれません。一見、解決困難に思われるような問題でも「何とかなる。必ず答えが出てくる」と信じることができます。事実、答えは必ず出てきます。

その理由は、クライアントを信じているからだと思います。彼らは、スペシャリストだし優秀です。ものの見方を少し変えれば、必ず妥当な打ち手が見つかるものです。

実は、セッションの前や途中に「神にお願い」することもあります。「このような問題があります。答えをください」と。そしていったん、その問題を考えるのをやめるのです。すると、必ずヒントや答えそのものが目の前に現われます。誰かの何気ないひと言や、壁に貼られたポスターの言葉に、それが示されていることもあります。神頼みのようですが、これも効きます。

実際は、これも一種の「自分は、必ず答えに到達できる」という確信のなせる業なのでしょう。神への信頼であり、全託の精神とも言えます。

ここまでくると、ノウハウというより、どのような精神状態でセッションに臨むか、という話です。しかし、ときにはノウハウ以上に役に立つ精神論もあります。

私は、精神論でも役に立つのなら、何の問題もないと考えています。すべてを任せきってしまうこと。そして、必ずうまくいくと確信する「こころ」です。

実は、クライアントも全託の精神でセッションに臨んでいます。自分たちのやり方にいちいち不安にならない。必ず妥当な策が見つかる、という確信です。

私の楽観性が伝播しているのかもしれません。また、これまでもそういうやり方で結果を出してきたことを知っているから、安心しているのでしょう。

「目からうろこ」のメカニズム

アドバイスの話を続けましょう。コンサルティングでは、よく「目からうろこが落ちました」と言われます。目からうろこ――これほどうれしい言葉はありません。

そこで、そのメカニズムについてお話しすることにしましょう。その前段として、まず「クライアントが依頼をするときの心理状態」についてお話しします。

クライアントは、常に相反するニーズを持っています。人間の根源的ニーズもそうです。たとえば、「安定感を求めたい」に対して「変化を求めたい」、「自分の価値を感じたい」と思う一方で、「他者との関係性を良好にしたい」と願います。

お察しの通り、これらはそれぞれがトレードオフの関係にあります。安定した状態にあると人は変化を求める。他者との関係性ばかりを気にしていると、自分の価値について再発見したくなります。

クライアントがコンサルタントに依頼するのは、**「もう片方へのニーズ」を満たそうとして、自分たちでそれをやることに限界を感じたとき**なのです。つまり、現在の状況から見て、逆の方向に変化したいとき、「現在の状況」が問題に見えるのです。

現在の状況のことを、ここでは「コンディション（状態）」と言いましょう。健康状態がよいことを、「コンディションがよい」と言いますが、あれと同じ意味です。また、「もう片方の状態」のことを「世界観」と言いましょう。

これは、「こうなったらいいなあ」と「思い描いている世界」であり、問題解決後のゴール・イメージと言ってもいいでしょう。

クライアントは、コンディションが、世界観よりも大きい状態を望みます。つまり、自分が思い描く世界以上に、目の前の現状がよい状態です。簡単な等式で示すとこうなります。

「コンディション∨世界観」。

これが、クライアントが望むものです。しかし、依頼をするときのクライアントの頭の中は、「コンディション∧世界観」になっています。コンディションが、世界観に比べて小さい状態、つまり「今の状況は理想以下だ」と感じている状態です。

そんなとき、コンサルタントに依頼をするのです。コンサルタントは、コンディションの改善に取り組みます。不等号をひっくり返そうとするのです。

これは、まっとうな考え方だし、コンサルタント自身もそれが仕事だと思っています。

しかし、コンディションを変えるには、クライアントからの協力が絶対に必要です。コンサルタントは魔法使いではないし、アドバイスをしただけでは何も変わらないからです。

クライアントによっては、コンサルタントを入れると、コンディションが安々と変わると考えていることもあります。

ところが、そのようなことは、ごく稀にしか起こりません。だから、ときには自分たちの自助努力を棚に上げて、「コンサルを入れたが、何も変わらなかった」と言う人もいます。変わるためには、自らが行動しなければなりません。「変えてもらいたいのだ」というクライアントは、ここの理解ができていないのです。

実際、どれだけアドバイスをしても、髪の毛一本すら動かせないコンサルタントも少なくありません。残念ながら、そのようなことのほうが多いのではないでしょうか。そのような状況に嫌気がさしたり、自信をなくすことで、コンサルタントという職業自体の無力さを感じる人もいます。

それも、よくわかります。しかし、そのようなコンサルタントは、大事なことがわかっていません。それは何でしょうか。

それは、**世界観を変えることを忘れている**のです。クライアントによっては、コンディションよりも、世界観を変えるほうがベターな場合があります。世界観が、本当に妥当なものなのかどうか、を最初に気づかせることが大事なこともあるのです。

そのとき、ものの見方を変えるわけですから、クライアントの自助努力は不要です。客観的な第三者である、コンサルタントのアドバイスによって、世界観が変わることはあります。とくに、問題を抽出するときはそうです。金魚鉢症候群で、クライアントには見えないものがありました。解決策のプロセスでもそうです。「わかっていても、自分たちではできない」と思い込んでいるものがありました。それが、現在のクライアントの世界観を作っている前提です。

それに気づかせることができると、クライアントは「目からうろこが落ちた」と言います。世界観が変わった瞬間です。そして、スッキリと満たされた気分になります。アドバイス業の真髄はここにあります。

つまり、「目からうろこが落ちる」とは、世界観が変わることなのです。それは、**クライアントにとって前提となっている思い込みに気づかせる**ことなのです。すると、世界観も変わります。優秀なコンサルタントは、このことを心得ています。

ただ、コンディションを変えることにやっきになるのではなく、その前に世界観を変えることをしているのです。まずは世界観に着手し、次にコンディションを変える。

世界観が同じままコンディションを変えようとすると、たいていはクライアントが落ちてきた道に迷い込んでしまいます。本人に変えられなかったものを、他人の力で変えることはきわめて難しいことなのです。

クライアントの思い込みを知り、そこからくる世界観が妥当なものかどうかから話しはじめることがコツなのです。

アドバイスの付加価値を高めるコツ

ではここで、アドバイスの付加価値を高めるお話をしましょう。この場合、とくに私が気をつけていることは、**「話を単純化する」**ことです。私は、シンプルなものが好きだし、たいていのクライアントも、シンプルな話ほど納得してくれます。

コンサルタントによっては、単純であることを「価値がない」と捉える人もいます。専門家の話は、専門的でなければならないという「思い込み」が、そのような世界観を作っているのでしょう。

しかし、単純はシンプルですが、容易なことではありません。むしろ逆です。難しい話をどれだけ簡単にできるかが、クライアントにとってはありがたいことなのです。

とくに、問題の明確化はそうです。明確化とは、単純化と言ってもいいかもしれません。また、最終的な解決策も単純であるほど、クライアントにとっては実施しやすいものになります。

したがって、コンサルタントは「わかりやすさ」を追求するために、とにかく物事を単純化することに頭脳と時間を使うのです。

逆に、要領の悪い人は、クライアントに「すべて」を説明しようとします。これはこれで、その人の誠実さの証かもしれませんが、クライアントにとっては、いったい何が言いたいのかよくわかりません。実際、コンサルティングでの話は、複雑な事象が絡み合っていることが少なくないのです。

結局、クライアントはその話に納得（というか理解）することができず、イライラして、こう言うかもしれません。「ご説明は、高尚すぎて私には理解できません」と。これは、ほめられているわけではなく皮肉です。

クライアントの中には、わからないのにわかったふりをする人もいます。いや、むしろクライアントよりも、コンサルタントに多いかもしれません。クライアントの説明を聞いて、実は半分くらいしかわからないのに、わかったようなふりをするのです。

人は、わかりづらいことに対して、素直に「わかりません」と言うことはあまりないようです。プロとして、「恥ずかしいこと」と思っているのかもしれません。

そんなとき、私は「すみません。それはこういうことですか？」と、確認しながら話を聞くようにしています。正直に言うと、クライアントがわかりづらい説明をするのは、ごく普通のことなのです。

なぜなら、金魚鉢症候群の可能性があるからです。わからないのは、むしろクライアント側に問題があると考えていいのです。たぶん、あなただけでなく、まわりの人もわかっていないし、説明している本人すら、よくわかっていない可能性があります。

さて、わかりやすくするために、コンサルタントはどうするのか？　メタファー（喩え話）を、効果的に使うのもいいでしょう。

たとえば、「コンサルティング業は知的なエンターテインメント」と言いました。これ自体もメタファーですが、別の言い方では、「会議室をおもちゃ箱にする」とか「ビジネスマンの実務的パズル」など、いろいろな喩えで表現することができます。イメージが一気に膨らまないでしょうか？　イメージしやすいことは、わかりやすさの正体なのです。

気のきいたメタファーが使えなくても、「同じような事例」の開示など、喩え話を使うこともできます。コンサルタントは、基本的に守秘義務を前提に仕事をしているため、どこまで話せるかは、個別の問題となります。

しかし、クライアントにとって、同じような事例がどのように解決されたか、またはこれからやろうとしていることが、どのような結果になりそうなのか、はとても興味のあることだし、非常に参考になるものです。いくつもの事例を見てきた、コンサルタントの強みがここにあります。

コンサルタントは、「歩く事例集」です。記憶ファイルの中から、参考になりそうな事例を引っ張り出してきて、クライアントの興味に沿うように話しましょう。

☑ クライアントに喜ばれるレポーティングとは？

では、コンサルティングのステップに戻りましょう。５つ目は**レポーティング**でした。セッションが終わったら、その内容を報告書にまとめて提出します。このプロセスは、コンサルタントによっては行なわないかもしれません。

とくに、メンター型でアドバイスをするコンサルタントは、これをしないことが多いようです。その代わりに、クライアント自身にメモを取るように言います。

私は、プロジェクト型で行なうことが多いため、プロジェクト終了時にまとめて報告書を作ります。多くのコンサルタントは、要点をまとめながら完璧な書類にしてクライアントに提出します。

しかし、私の場合はそれをしません。私はレポーティングもまた、コンサルティングの一部と考えています。したがって、ラフに作ったドラフト版の報告書を一緒に見ながら、クライアントとセッションをしながら作り上げます。

紙には書かず、たいていはパワーポイントで作ってパソコンごと持ち込むことになります。そうする最大の理由は、クライアントの理解を深めるためです。私のセッションでは、基本的に複数の人が参加します。同じテーマで、同じセッションを共有していても、人によって結論の解釈がズレることも珍しくありません。

「えっ、そういうことだったの」と気づくこともあります。また、私の理解とクライアントの理解がズレていることも、ないわけではありません。

だからこそ、今一度の確認が必要なのです。最初に、私が報告書の叩き台を作り、それを眺めながらクライアントの意見をいただくのです。

2つ目の理由は、再度行動のコンセンサスを取るためです。コンサルティングでよくあるのは、セッションが終わると同時に、問題も解決したかのような「錯覚」を抱くことです。典型的なのは、完成したレポートを見るだけで満足してしまうことです。私は、これを「レポートを桐箱に入れてタンスの中にしまい込む」と呼んでいます。レポートは、二度と読まれることはありません。

そうならないために、また行動に移さなければならないことを、今一度クライアントに確認してもらうことが必要なのです。

最後の理由は、コンサルタント側の理由です。このやり方だと、書き直しや突き返しがないのです。クライアントによっては、「内容はその通りだが、少し言い回しが違う」といった、細部を指摘することもあります。

コンサルタントにとっては、どうでもいい問題に思われますが、クライアントにはクライアントなりの事情やカルチャーがあり、その文脈によっては言葉遣いを選ばなければならないことがあります。書き直しや突き返しのやり取りの多くは、そのようなことが原因です。

そこで、先方と一緒に、細部に至るまでその場で修正を行なうのです。私の経験では、このやり方によって、書き直しや突き返しはほぼ皆無となります。

このようなやり方をすると、結果としてレポーティングもセッションになります。一種の読みあわせです。クライアントに、あらためて学んでいただけることもあるし、そこで新たな課題が出ることもあります。そのような機会が、解決策のさらなる進化につながるのです。

フォローアップはサービス精神旺盛に

事後のフォローアップは、コンサルティングの最終ステップです。レポートを納品した時点で、コンサルティングが終了したとする人もいるでしょう。実際に、私もこの時点で請求書を発行します。しかし、プロジェクトそのものはずっと続いていることも事実です。

そこで、フォローアップが重要になります。たいていは、1週間ほどの時間を置いて連絡します。クライアントによっては、次の段階での新たな問題があっても、こちらに遠慮して言わないことがあります。

「進んでいますか」「大丈夫ですか」など、こちらからメールを送るといいでしょう。

一方、クライアントによっては、「ここから先は、自分たちでやる」と決めている場合もあります。これはこれで、尊重すればいいのです。きちんと進んでいて、心配は無用と確認できればそれで終了です。

フォローアップを実際に行なうことは、エクストラの仕事になります。たいていは、料金が発生しないレベルで対応することが多いものです。私が、お客さんを選んでいるからかもしれませんが、あまり無茶な要求をするクライアントはいないようです。

しかし、もし無茶な要求をしてきたとしたら、ここでコンサルタントは試されることになります。どれほど柔軟に、臨機応変に対応するか。コストよりも、スピードを重視して対応するか。クライアントは、このような場面でコンサルタントの評価をすることも多いのです。

あるクライアントでのことです。私は、レポーティングを終えて1週間後、フォローアップの連絡をしました。すると、このようなことを言われました。

「たいへん申し訳ないのですが、2日後までに、今回のレポートを英語でも作ってもらえますか?」と。上司が、海外出張でその資料を急遽使いたいというのです。

これは、コンサルティング契約の中にはないことだったし、新しい案件と捉えることもできました。

しかし私は、フォローアップの一環として取り組むことを、その場で伝えました。ここで費用がかかることを伝えることもできましたが、翻訳の外注をするような時間もなく、また私自身が、このクライアントに対して、信頼関係を超えた友情にも近い感情を抱くようになっていたこともあったからです。

私は外資系でキャリアを積んできていたため、自分で翻訳して提出することを伝えました。ただ、言っておかなければならないことは、私はこれを、無茶な要求とは思わなかったことです。全部で20ページ近くあるレポートです。

その日は、夜中まで残業でしたが、それくらいのことは、別段どうということはありません。がんばって仕上げて、次の日にはメールで提出しました。

クライアントは、びっくりしていました。そして、感謝してくれました。上司の方の海外プレゼンも高評価だったようです。結果として、とても喜んでいただくことができました。本当によかった、と心の底から思った瞬間でした。

そして、負担の大きいエクストラな仕事でも、その場で即決して、全力を注ぎ込んだ自分が、少しだけ誇らしく思えたものです。

今でも、このクライアントは仕事をくださいます。請け負ったときは、それが目的だったわけではありませんでした。しかし結果的に、私は今でも仕事をさせていただいています。

これは、紹介が紹介を生むプロセスに似ています。エクストラな仕事を頼まれたときは、「嫌だな」「面倒だ」などとは思わず、「チャンスだ」と思っていただきたいのです。

これは、クライアントを驚かせるチャンスなのです。だから、彼らが「これくらいのことはやってくれるだろう」という期待を上回るクオリティとスピードで対応していただきたいのです。

コンサルティング・メソッドを「型」にする

最後に、「型」の話をしましょう。案件をいくつもこなしていくと、自分流のやり方が見えてくるようになります。コツがつかめてくるのです。これを、「型」と言います。スタイルが確立してくるということです。

その型に照らし合わせると、何が問題なのか、どのように解決したらいいかという道筋も、ほぼ同時にわかるようになります。仕事の要領も圧倒的によくなります。自分流のコンサルティングができるようになるだけでなく、やり方や見方に自信が持てるようになります。

1章で、「独自性は後回しにしましょう」と述べましたが、この時点で、独自のやり方が確立します。これは、とてもいいことです。そして、案件をこなすほど、「型」の切れ味がよくなっていくはずです。これは、コンサルティングが成熟してきた証と言えます。

しかし、型には問題もあります。それは、いつしか型を使うことを前提に、クライアントの問題を眺めるようになることです。これは「型を作るのがよいことだ」という話と矛盾するように聞こえますが、そうではありません。

型は、あくまでも手段であって、目的ではありません。型を使うことが目的化してはならない、という戒めでもあるのです。

どのような案件にも同じ型、つまり自分の得意なやり方を当てはめるようになることは、コンサルタントの世界では珍しいことではありません。もちろん、それで解決できるなら、大きな問題ではありません。

しかし、ときには問題解決に到達できないこともあります。そのようなコンサルタントは、視野が狭くて融通がきかないものだし、すべての問題が同じように見えてしまうものです。

きっと、型の存在がコンサルタントに先入観を与えるのでしょう。誰であれ、先入観を持たないことはあり得ませんが、その中でも、最初から問題を型に当てはめるリスクが高くなります。

その一方で、クライアントをじっくり見るという姿勢を消し去ってしまう原因にもなります。その結果、クライアントは、本来必要ではなかった努力や協力をしなければならない状況になることもあるのです。

つまり、「進化と退化は紙一重」ということを知っていることが重要ではないか、と思います。型ができること自体は進化だと思います。しかし、手段が目的化すると、いつしかものの見方（視点）が固定化されてしまうことが多くなります。

その結果、コンサルティングの技術は落ちることになります。これは、退化と言っていいでしょう。ものの見方に柔軟性のない、専門バカになってしまいかねないのです。

私自身も、この問題ではずいぶん悩みました。次の章でご紹介しますが、あるときまで、私も型を信奉していました。

しかし、あることが起こって以来、私は型を独自ノウハウというよりも、「単なるひとつのアプローチ方法」として見るようになりました。つまり、あまり型を当てにしなくなったのです。

その中で、ひとつ気づいたことがあります。それは、「進化とは何か」ということです。私の理解では、進化とは「変わらないために変わること」です。型の専門家になるのではなく、真にその分野の専門家になること。型に固執せず、そこから自由でいて臨機応変に対応できることです。

一方、退化とは、突き詰めた型を絶対視することであり、専門バカになることです。また、変化を拒むことであり、手段が目的化していることに気づかないことです。

一見、進化に見えるものが、実は退化であることも少なくありません。そうならないためには、いったいどうしたらいいのでしょうか。「型の落とし穴」にはまっているかどうかは、自分では気がつかないものです。

私に気づきをくれたのは、他のコンサルタント仲間でした。コンサル同士の友人を意識的に作り、情報交流をすることが解決策になりました。ここでは、メンターだけでは解決にならないのです。

なぜなら、私自身が自分のやり方に疑問を持たない限り、メンターに相談したいと思うきっかけがありません。せっかく教えてくれる人がいても、質問をしなければ、いないも同然です。

しかし、コンサルタントの仲間内だと、お互いのやり方を話しながら、気づきのチャンスをもらうことができます。だから、他のコンサルタントと情報交流することに価値があるのです。

私には、本当に信頼できるコンサルタント仲間が5人います。そのようなコンサル仲間で、しばしば食事を一緒にしながら情報交換をしています。

また、ときには彼らの仕事を手伝うこともあります。彼らのやり方や考え方、型を見たり聞いたりすることで、自分の型に疑問を持つことができるようになります。

あるいは、改善を試みるきっかけにもなります。さらに、私も彼らに自分のやり方や型をどんどん紹介しています。また、私のプロジェクトに参画してもらうこともあります。

不思議なもので、こちらから情報を出すほど、新しい情報がどんどん入ってくるようになります。

コンサルタントによっては、他のコンサルタントとの交流を嫌がる人もいます。自分のノウハウが、他に流出すると考えるからです。それはそれで否定はしませんが、あまり成長できないのではないでしょうか。そうならないためには、自分のノウハウなどには固執せず、積極的に情報交流するのが賢いやり方なのです。

4章

コンサルタントとして
ひと回り
大きくなるには？

突然告げられた、コンサル・プロジェクトの打ち切り

3章の終わりで、「あることが起こったことで、型を信奉しなくなった」と書きました。その「あること」とは、コンサルティング・プロジェクトの打ち切り（解約）をクライアントから告げられたことでした。

コンサルティングは、会計士や税理士に見られるように「契約期間を決めず、長期に渡ってアドバイスするもの」と、特別プロジェクトのように「終了時期を最初に決めて、一定期間アドバイスするもの」があります。

そのどちらであっても、突然の中途解約はあり得るのですが、後者の場合はプロジェクトが続く限り、解約されることはあまりありません。

私が経験したのは、「プロジェクトは続けるが、コンサルタントは解約する」という手痛いケースでした。こんなことも、コンサルタント人生では起こることかもしれません。

いや、コンサルタントに限らず、どんな仕事でもあり得ることです。本章で、私は「だから、型を信奉するな」と言いたいわけではありません。型の話に留まらず、そのような手痛い経験によって、「自らのコンサルティングを見直すこと」を伝えたいのです。

まずは、私の話からはじめましょう。

ある日の朝、クライアント担当者が、突然電話をかけてきました。「今日、お会いして相談したいことがあるのですが、どこかでお時間をいただけないでしょうか」「どうかしましたか？　今、電話でうかがいますよ」「いや、会ってお話ししたいのです」「では、13時にうかがいます」「突然ですので、こちらからうかがいます」――こちらからうかがうと言われて、嫌な予感がしました。13時に、担当者とその上司がやって来ました。そして、こう言われたのです。「契約を、今月末で打ち切りたい」と。

私が、本書の中で書いたことを実践する前の話です。当時、私は集客に悩むコンサルタントでした。そして、願っていたものです。「大きな仕事をください。どんなクライアントでもいいのです。安定した売上げがあげられる、毎月、きちんと大きなお金を振り込んでくれるクライアントがほしい」と。

このクライアント（仮にA社とする）は、そんな私の願いを叶えてくれるクライアントでした。

A社では、「まったく新しいブランドとして、それまでA社にはなかった発想の新製品の導入」がテーマでした。コンサルティングは、2年に及ぶ予定でした。私は、製品開発部のメンバー10人と一緒に開発業務に当たっていました。

もともと、サラリーマン時代、私はメーカーで製品開発をしていたので仕事は簡単だと考えていました。

実際に、プロジェクトがはじまると、私は自分の経験をもとに、さまざまなアイデアを出すことができました。クライアントも、最初は熱心に聞いてくださいました。

しかし、私はしだいにプロジェクトの雰囲気が感じ取れるようになりました。それは、クライアントが私のことを「自分たちの実情を知らずに、ただアドバイスをしているだけ」と思っていることでした。

そんなあるとき、開発スケジュールのことで製造担当者とぶつかりました。「わが社の規定では、品質チェックに3ヶ月はかかります」と言うのです。これは、とても長い期間で、しかも無駄に長い期間に思えました。私はたずねました。

「同じ業界の他社では、もっと早くやっているところもありますよ。規定の根拠は何ですか?」「根拠? そういう規定なんです」「要するに、3ヶ月の理由はないということですね」「理由ではなく、そのステップを踏まないと発売の稟議が下りません」「では、規定のほうを変えたらいかがですか。他社ではこういうやり方をしているので、それを取り入れてはどうですか」「……」

まさしく、コンサルタントの立場からの正論を押し付けたのです。先方にとって3ヶ月を短縮することは、「他社がどうであれ、わが社では違う」という感覚だったと思います。

しかし、当時の私はそうは思わなかったのです。むしろ、コンサルタントとして「言うべきことを言わなければ」と考えていたし、クライアントに貢献したとさえ思っていました。

この製造担当者とのやり取りを見て、プロジェクト責任者が、セッション終了後に私の所に来て説明をしてくださいました。

「先生のおっしゃることはよくわかります。しかし、弊社は古い体質で、品質チェックには3ヶ月かけるのが、昔からのやり方になっているのです」

今思うと、クライアントを理解するための、たいへんありがたい説明でした。しかし、私はこころの中でこう思いました。「だから、ダメなんだ」と。当時は、「正しさは人の数だけある。正しさは時と場所による」など、思いもよりませんでした。

品質チェックの話に留まらず、このようにぶつかるケースはしばしばありました。何かというと、「できない理由」を挙げるクライアント。新しいことをやろうとしているのに、実際には古いやり方にこだわろうとするクライアント。私は、アドバイスすることの無力感を感じるようになり、しだいに、この仕事が苦痛になっていったのです。

クライアントも、きっと同じだったと思います。自分たちの事情を知らないくせに、新しさを説くコンサルタント。経営陣からの期待を、馬鹿正直に現場の自分たちに押しつけようとするコンサルタント。

そのような不信感の中で、テーマである製品開発自体も、私の得意分野であるにもかかわらず、まったく面白くないものでした。いつしか私は、「もう、たいしたものはできやしない。新しいブランドや今までにない新製品など、こんなクライアントでは無理な話なのだ」と、思うようになりました。

会議も、いつしかやる気のないものになり、アドバイスを求められたときにだけアドバイスをするというスタイルに変化していきました。

そして、プロジェクト開始から7ヶ月目。解約という事態になったのです。

解約を申し渡されたときの私の気持ちは、当然ショックでしたが、その一方で、「やっと解放された」という安堵感もありました。もう、あのプロジェクトに関わらなくていいという感覚。お金のことなどよりも、苦痛から解放された清々しさがありました。

しかし、同時に今後の集客をどうしようかと悩みました。食っていくためにはどうしたらいいのか。A社のような「くだらないクライアント」ではなく、もっと立派なクライアントがほしい。集客しなければ。しかし、どうやって集客したものか……。

私が、プロローグでお話ししたメンターに会ったのはこの頃のことです。そして、本書でご紹介しているような「集客自体を不要にしてしまうコンサルタント」「紹介が紹介を生むコンサルタント」になろうと決心したのも、ちょうどこの頃のことです。

パラダイムシフトするべきはコンサルタント

「どのように集客したらいいか」と質問した私に、メンターはこう言いました。

「簡単な話でね、君が集客のことばかりを考えていて、目の前のクライアントにきちんと向き合っていないから集客できないんだよ。君の仕事は集客ではなく、目の前のお客さんを成功させること。そして、目の前のお客さんの課題を解決して差し上げることだ。しかし、君は大半の時間を集客のことばかり考えて使っている。そういったコンサルタントというのは、たいていは〝まずいメシ〟を出すものだ。せっかく集客しても、すぐに次の集客に気を取られてしまって、肝心のコンサルティング品質は悪い。ろくでもないコンサルティングをしておきながら、新しいお客さんのことばかりを考えているわけだ。君はどうだろうか？」

「考えてもごらん。コンサルティングの場を与えられるだけでも、限りなくありがたいことだと思わないか。クライアント一人ひとりの1時間、2時間をもらうことの重大性を、もっと考えるべきだ。もし、企業のプロジェクトで20人のメンバーがいるとする。そうすると、君には20時間から40時間の采配権が与えられていることになる。もし、君のコンサルティングがクオリティの低いものだとしたら、君は、どうやってその時間を返すのか……」

プロローグでご紹介した会話です。そうなのです。私は、まずいメシを出しておきながら、それをうまそうに食べないクライアントをなじっていたのです。集客について質問したはずなのに、メンターはもっと大事なことを指摘してくれました。

世界観を変えるべきなのは、私自身だったのです。クライアントの態度や考え方を改めさせるより、自分の考え方を改めることが先だったのです。まさしく、パラダイムシフトの瞬間です。

そして私は、コンサルティング業の本質、もっと言うなら、「私というコンサルタントが提供できる価値」について考えるようになりました。

誰かがあなたを見捨てたとき、その理由について興味を持つのはあなた一人です。どうして、うまくいかなかったのだろう。何が悪かったのだろうと。そんなとき、人によっては、見捨てられた痛みを早く忘れたいと思うかもしれません。

一方、自分の成長を願う人は、その理由を聞いてみたいと思うはずです。もし、クライアントから解約を言い渡された場合は、その理由を聞いてみればいいのです。

ただし私の経験では、その理由をはっきりと説明してもらえることはほとんどありません。クライアントも人間です。誰かと縁を切る理由、しかもクライアント側から依頼した経緯がある場合、その依頼先を切った理由など説明したくないからです。

そのような雰囲気を感じると、こちらも聞くことを躊躇するようになります。これは、仕方がないことかもしれません。そして、聞く代わりに「自分との対話」、つまり内省をするようになります。

「自分のしてきた仕事はまっとうだったろうか？」と。

『クライアントの役に立つ、それも昨日と比べて、今日もっと役に立つにはどうしたらいいのか？　A社で学んだことは、コンサルティングの仕事は問題解決以上のものということだ。そこには、もっと多くの要素が含まれている。安心感、背中を押してもらえる勇気。楽しさやここちよさ、学び、驚きなどもある。A社では、それがまったくなかった。そもそも、私はコンサルティングという仕事を、どのように捉えてきたのだろうか？　そして、今後はどのように考えるのか？　狭苦しい枠にとらわれてはならない。サービス業として、または知的なエンターテインメントとして、私自身のコンサルティングを見直してみよう』

『こちらから、ベストと思われる提案をすることには限界がある。そういうやり方もある一方で、この型にばかりこだわっていたのではダメだ。A社で学んだことは、それまでの自分の型の限界でもある。型を、いったん捨てよう。もう一度、本当に役に立つやり方を研究しよう』

『クライアントは、言葉という手段では本当に伝えたいことを伝えることができない。自分たちが、習慣としてやっていることを論理的に説明することもできない。私自身の感じる力を鍛えるしかない。直観が大事だ。そして質問すること。質問力を鍛えるには、クライアントからの情報とは別のソース（情報源）を持つことが大事だ』

『A社で起きたさまざまな問題は、すべては私が原因だった。そもそも、準備を怠っていた。それだけでなく、私のクライアント観がネガティブだった。もっと、人間の本質に関わるようなコンサルティングをしよう。人間に、もっと関心を持とう。どんな仕事も、究極的にはその人たちの自己実現に関わる。私のコンサルティングは、それを助けるものであるべきだ』

その頃に書き留めた言葉の一部です。私にとって、A社での経験は「自分の仕事を省みる素材」となりました。そのように考えると、悪い経験が必ずしも悪いものとは言えないように思います。むしろ、感謝することすらできます。

そして大事なのは、パラダイムシフトのきっかけをくれたメンターの存在でした。このメンターとの出会いがなければ、私はA社を「嫌な思い出」程度で早々に忘れ、学びのないままのコンサルティングを続けていたかもしれません。

きっと、あなたも私のような経験をしたことがあるでしょう。そして、それを学びにして、今もがんばっていることと思います。

実際、このような経験は、コンサルタント自身のレベルを上げるチャンスなのです。コンサルタントは、何を普通と思うかによって、コンサルティングの品質が決まります。失敗経験や解約経験は、自分が満足しているコンサルティング・レベルに疑問を投げかける機会であり、あるいは自分の「あり方」を見直す時期に来ていることを知らせる〝福音〟と言っていいでしょう。

コンサルティングでの失敗と気づきをどのように活かすか？

A社での経験や、メンターから日々言われることを自分なりに咀嚼しながら、私は自分との対話を続けています。A社の一件以来、もう7年にもなります。今では、悪いこともよいことも、すべて自分との対話を通じて血肉化しています。

具体的には、「日々の気づきをノートに書き出す」ことにしています。これを、「気づきノート」と呼んでいます。コンサルティングについての気づきだけでなく、私自身についての気づきも多く書かれています。ちょっと格好よく言うと、自己の探求。コンサルタントという職業は、本人自体がクライアントへの商品・提供価値であるため、自分自身の成長こそが品質改善だと思うのです。

企業が、商品の改善を行ないながら、顧客によりよいものを提供するように、コンサルタントも自分自身の学びと成長を認識しながら、クライアントへの付加価値を高める努力をするべきです。

以前、私のメンターが主催するセミナーに参加したとき、一緒に参加している方々に質問したことがあります。彼らは、メンターのお客さんや知り合いでした。

私は、「なぜ、メンターはこれほどまでに、コンサルタントとして成功しているのか」を知りたくて、「本音では、どんなコンサルタントに仕事の依頼をしたいですか?」とたずねました。「本音では」というところがポイントでした。

すると、次のような答えが出てきました（気づきノートに書かれているものを、そのまま掲載）。

1　信頼感。すっと答えが出てくるイメージがある人

2　こちらが煮詰まっているとき、最後まで面倒を見てくれる人

3　通りいっぺんのことではなく、私に合ったことを提案してくれる人
4　この状況を何とかしてくれそうという期待感の持てる人
5　自分が行なうフィールドで、実際に成功・失敗した経験のある人
6　いろいろなアイデアがほしいので、いろいろな視点を出してくれる人
7　その人が通りすぎた後によいものが残って、社内だけでも歩いていけそうだと期待感が持てる人
8　親の教え。いい背中を見せてくれそうな人

これらは、想像の中のコンサルタント像ではなく、目の前にいるメンターに向けられた言葉であり、すべて当てはまっています。とくに私が感じ入ったのは、7番目と8番目でした。私自身も、メンターのそのようなところに感じ入っていましたから、とても共感することができました。

そして、人間力を鍛えることでしか、「いい背中」を見せることはできないと思いました。だから、やはり自分自身との対話や自分自身の品質向上が必要なのです。本を読むのも大事だし、セミナーに出ることも大事です。

そして、そこで出会った言葉や教えを気づきノートに書き留めて、ときどきそれを見返し

ながら、自分自身を省みています。まだまだですが、そんな習慣が、今の私を作り上げてきているように思います。

そのような対話を通じて、現在、私の事務所では、次のようなマニフェストを掲げて仕事をするようにしています。マニフェストと言うと、「宣言」のように感じますが、私は「実現目標」として、この言葉を使っています。ただし、外部の目にさらすことはしていません。

マニフェストは、自分自身との約束です。自分自身に向けて、警鐘を鳴らすためにあると考えています。しかし、ここではあえて公開することにします。いろいろな意味で、あなたの役にも立つと思うからです。参考にしていただきながら、クライアントへのサービス品質の向上をこころがけていただければ、と思います。

1　そのアイデアは早々に結果が出るか?
2　その人たちだけでは「出ない音が出る」か?
3　やっていて誰もが楽しい、「目からうろこ」が実感できるか?
4　やんわりと、厳しいことでも本当のことを言っているか?
5　クライアントの業務を伴走・代行しているか?
6　そのセッションを通じて、社内に求心力、やる気が高まるか?

7 終了時期が決まっていて、だらだらした付き合いになっていないか？
8 臨機応変にクライアントニーズに応じているか？
9 クライアントのプライバシーは遵守されているか？
10 エクストラの仕事も積極的に応じているか？
11 われわれの人柄は好ましいものか？
12 世の中の役に立っているか？
13 嘘はないか？
14 明朗会計か？

それぞれの内容について、くわしくはご説明しません。しかし、私のコンサルティングの「あり方」を示す本質がここにはあります。

☑ モチベーションを持続させる最強のツールとは？

自分との対話をしていくと、やがて「自分の使命」に気づくようになります。「何のために、この仕事をしているのか」ということです。志と言ってもいいかもしれません。

コンサルタントとしての私が気づいた「私の使命」は、「その人の本質、核心を引き出しながら、朗らかな志を育てるように勇気づけること」です。もともと、私の名前「与志朗」には、そんな意味があったのだと思います。「朗らかな志を与える」という意味です。そのような名前をつけてくれた両親にはとても感謝しています。

ところで、「使命」とはいったい何でしょうか？　私の考えでは、人間には二通りの生き方があると考えています。**「命を守る人生」**と**「命を使う人生」**です。

命を守る人生は、あまり説明は必要ないかもしれません。「人生とは、生存し続けることである」という考え方です。つまり死なないこと。マズローの欲求段階説で言うところのひとつ目「生存の欲求」などに近い生き方です。

これは、レベルの低いことではなく、ごく当たり前のことです。食べるものに困らないよう、住むところに困らないように人生をやりくりするという生業（なりわい）です。

その一方で、「命を使う人生」は、自分の生存以上に誰か（何か）のために生きる生き方です。命を守る人生では、生存・生き残ることそのものが目的でしたが、こちらは生存することは、「手段」に他ならないのです。

生存していることを利用して、何かを成し遂げる（目的）という生き方です。マズロー理論の最終段階「自己実現の欲求」に近いかもしれません。

このような話をすると、「まずは自分のことを、目の前のことをきちんとやってから、誰かのために生きろ」と言われるかもしれません。たしかにその通りで、私自身、「何をきれいごとを」と思っていたし、またそのようにしてきました。

食べることや寝ること、安心に暮らすことやお金を稼ぐこと。これらは大事なことだし、これらなくして、「何かのために」という生き方は一種の偽善かもしれないと考えていました。

だから、自分が楽しいことや快適なこと、自由であること、他人から尊敬されること、そんなことを目標に生きてきました。

それまでは、正月になると「今年はどれだけの売上げを稼ごう」というように、売上金額や収入がモチベーションになっていました。

しかし、自分のことがひと通りできるようになって、さらに「気づきノート」を取るようになってからは変わりました。それだけでは、モチベーションを保つことができなくなってきたからです。「もっと、世の中の役に立ちたい」とか、「もっと、クライアントを驚かせたい」、さらに「もっと意義のあることをしたい」と思うようになったのです。そう、**「意義のあること」**です。

たとえば、自分自身に、次のような質問をしたらどうでしょうか？　「自分の命より大切なことは何か？」――これに答えられるなら、命を使う人生と言えるかもしれません。

そして命を使うことから、これを「使命」と言うのだろうと思います。実際、使命を持った生き方は非常にパワフルで、毎日の生活に大きなモチベーションを与えてくれるようです。なぜなら、「何かのために」ということ自体が、生きる目的になっているからです。ちょっとのことではへこたれなくなります。

たとえば、夜中の3時に赤ん坊のオムツを換える母親を見ればよくわかります。まさしく、「子どものために」という使命感を持った生き方です。使命を持つとは、「愛する」ことの現われでもあります。

そして、「何かのために」というのは、世の中への大きな志でなくてもいいのだと思います。「家族のために」「愛する誰かのために」――それだけで十分、使命を持った生き方なのだと思うのです。

「使命」「志」などと言うと、「もう、聞き飽きたよ」と言う人がいるかもしれません。そんなことを言われなくても、すでに持っている人もいることでしょう。また、持てと言われて持てるものではないことも知っています。

しかし、使命や志を持ったときから、本当の人生がはじまるのではないか、と私は思っています。

以前、私のメンターがこのように教えてくれたことがあります。

「よく見られたいとか、嫌われたくないとか、そんなことはもうどうでもいい。自分の功績よりも、偉大な目的の中にいることに誇りを持って、神に使わされた天使のように任務をまっとうすることにフォーカスしなさい」と。

こんな人生を生きるコンサルタントなら、間違いなくクライアントを幸せにすることができるでしょう。紹介がくるとかこないとか、集客とか、そういったレベルを超越することができるのです。私の中の「仕事観」が変わった瞬間でもありました。「クライアントのために」という使命もいいかもしれません。

あなたにはぜひ、「あなたらしい使命」を見つけていただきたいと思います。それが、コンサルタントとして以上に、あなたの本当の人生をはじめることになるからです。

メンターの重要性

自分との対話や気づきノートなどの話をしてきましたが、コンサルタントとしてひと回りも二回りも成長していくためには、メンターの存在は絶対に必要です。

私には、３人のメンターがいます。１人は、私が味の素ゼネラルフーヅに勤めていた頃からのメンターであるHさん。当時は、上司と部下の関係でした。優しさのかたまりのような方です。また同時に、コンサルタントとして以上に、ビジネスマン、またはマーケターとして、今でもさまざまな相談に乗っていただいている人生の師匠です。

2人目はCさん。もともと、「日本のアンソニー・ロビンズ」と言われるほどの方で、アンソニー・ロビンズ系の成功哲学を自らも実践され、日本人に合うようにそれをアレンジし、多くの人の人生を書き換える仕事をされています。

3人目はSさん。おそらく、日本一のブランド経営コンサルタントです。S先生とは、財団法人ブランド・マネージャー認定協会の理事に私が就任した際、同協会の評議委員をされていて、その知遇を得ることができました。ブランドの大家であり、多くを勉強させていただいています。いつも、たいへん刺激的な学びをいただいています。

コンサルタントとして成長するには、メンターの存在が欠かせません。これは、絶対に必要と思って間違いありません。なぜか？　コンサルタントほど、自分自身のコンサルティングが下手な人間はいないからです。クライアントのことばかりを考えているうちに、どうしても自分のことが後回しになるのです。それが、コンサルタントなのです。

ましてや、独立コンサルタントであれば、なおさらです。もし、メンターという存在がいないのであれば、日々の仕事に追われる中で、いつしか世の中から取り残されていくことすらあります。

3章で、金魚鉢症候群のお話をしましたが、これはコンサルタントも同じです。狭い世界の中で、自分の専門分野のことばかりを考えていると、〝木を見て森を見ず〟という状態になってしまうかもしれません。

それでも、自分は正しいと思い続ける人の、何と多いことでしょうか。私にも、その危険性がありました。自分こそがルールであり、自分こそがコンサルタントなのだと思うのは勝手ですが、ときには謙虚になったほうがいいこともあるのです。

さて、コンサルタントの成長に限界があるとしたら、その原因は「自分は正しいことをやっている」という思い込みにあります。

そんなとき、メンターからの指摘は、とてつもない価値があります。一流のアスリートも同じです。彼らがコーチを雇うのも、そのあたりに理由があります。「自分の正しさに潜むまずさ」に、自分自身では気づくことができないからです。

仮に、一流のアスリートが自分のプレイする姿をビデオで録って眺めてみても、自分のまずさには気づくことはできません。

なぜなら、自分は正しいと思っていることを前提に、眺めるはずだからです。そのため、別の視点から見てもらうことが大切です。コンサルタントも同じです。そのためにも、メンターの存在は欠かすことができません。

コンサルタントとして一流の人には、必ずメンターがいます。ビジネスマンでも同じです。メンターなしで成功するには、とてつもない時間がかかりそうです。**それほど、自分で自分のことに気づくことはたいへんなこと**なのです。

そして、思い込みを排除して新しい信念をインストールした状態が、目からうろこが落ちた、パラダイムシフトの状態です。これが、自分自身をさらに高みに押し上げます。

一流のコンサルタントになる人とそうではない人の差は、メンターを持ち、そのアドバイスに素直に耳を傾け、パラダイムシフトできるかどうかの差なのです。

☑「教えるために学ぶ」という発想

コンサルタントにとって、勉強が必要なことは言うまでもありません。本を読む、セミナーに出るなどの他に、自分自身やメンターとの対話も学びになります。何よりも一番大きな学びは、「**経験**」かもしれません。成功体験や失敗体験は、あなたにとって特別な学びになるし、あなたの真実を知るチャンスでもあります。

学びは、コンサルタントにとっての、「仕入れ」と言い換えてもいいでしょう。コンサルティングは、情報をベースにした職業です。学びが多ければ多いほど、クライアントに提供できるものも多くなるからです。

逆に言うなら、**コンサルタントは意識的に学ばなければならない**、ということです。この職業を続ける以上、強制的に学び、強制的にアウトプットしていく人生が待っています。

つまり、**「教えるために学ぶ」**ということです。学生は、学ぶために学びますが、コンサルタントは、教えるために学ぶのです。教えるために学ぶのは、学ぶこと自体の効率性を劇的に高めるやり方でもあります。これは、コンサルタントに限ったことではありません。

私は大学生だった頃、中学生に勉強を教えていましたが、教える以上は、教えられるだけの理解を、私自身がしている必要があり、結果として生徒以上に私が勉強をしていました。つまり、「誰かに教える」という目的を持つことが、学びを体得するコツなのです。コンサルタントにとっての「教室」は、クライアントの現場です。

また、書籍の出版も教室と言えます。定期的に出すメルマガやブログなどもそうです。私は2006年から毎週、メルマガを書いてきましたが、これはアウトプットであると同時に、「戦略性を鍛えるトレーニング」になっています。

文章を書くということは、戦略性がなければ難しいものです。それを、「毎週」という時間的な制約の中で必ずアウトプットをすることによって、非常に鍛えられました。

また、講師として登壇する公開セミナーも教室になります。私は、コンサルタントとしての10年間で、1200社以上のマーケターに自分の専門分野について語ってきました。

その多くは、実際のクライアント事例（もちろん名前は隠し、内容もオブラートに包む）をベースにした学びと教訓です。私にとって、セミナーや講演は学びの発表会なのです。

「貢献する」ではなく「貢献させていただく」発想

クライアントとの仕事で、一番成長するのはコンサルタント自身です。したがって、「貢献する」ではなく、「貢献させていただく」と言ったほうが相応しいように思います。

クライアントは、課題・問題の提示をすることで、コンサルタントの知見を高めるきっかけを与えてくれます。また、クライアントとの人間関係を通して、コンサルタントの人間力を磨く場所を与えてくれます。さらには、コンサルタントへの不満を表明し、痛い経験をさせることで、コンサルタントの自己探求、成長の機会を与えてくれます。そのうえ、クライアントは、コンサルタントにお金まで払ってくれるのです。

そのように考えると、感謝してもしきれない感情が湧き出してくるのではないでしょうか。

クライアントが、常にすばらしいわけではなくても、そのすばらしくない一面の中に、コンサルタントへのギフトが含まれていると見抜くことができます。彼らの、わがままで自己中心的な言動こそ、コンサルタントとして、ひと回りも二回りも大きくなる舞台が提供されているのだと思い知らされることがあります。

私自身、これまで成功に感激した経験もあれば、失敗にうちひしがれた経験もあります。それを、よいこと、悪いことと判断をしてきました。しかし、**すべての経験は、よいことであろうと悪いことであろうと、同じように価値があった**、と今では思うことができます。いいか悪いかの判断には、あまり価値はないのです。よいことの中にある学びも悪いことの中にある学びも、私を次の成長に導いてくれるものなのです。

先日、「最近では、ちょっとないくらいの感謝」をしました。クライアントとのプロジェクトが終わり、その打ち上げでのことでした。くわしくは書きませんが、そのプロジェクトは、とてもたいへんなものでした。しかし、大成功に終わったのです。その打ち上げの場所でのことです。クライアントから、私に感謝の言葉が出ました。

「水野さんのおかげでうまくやれました」と。

私はそのとき、その言葉を言ってくださった方の目を見ていました。じっと見つめると、目が「ありがとう」と言っていました。私も、「ありがとう」と思いながら、彼の目を見つめました。そして、思わずこちらも口をついて言葉が出てきました。

「私のほうこそ、植山さんのおかげでうまくやれました。ありがとう」と。相手はクライアントなのに、「ありがとうございます」と敬語ではなく、「ありがとう」だったのです。

これを自然に口にしたとき、私は感涙していました。そして、そのクライアントも同じように感涙していました。こころが通じ合った、と感じました。しばらく、感じたことがないほどの感謝でした。

苦しいことがあったのにそれを乗り越え、そして素直に「ありがとう」と言い合えたこと。感謝が溢れ出し、会場から流れ出すような感激を感じました。今これを書いていても、思い出して泣けてくるほどです。コンサルティングはすばらしい。クライアントもすばらしいと思います。

やはり、視点が認識を作るのです。コンサルタントもクライアントも、お互いのよいところを見ていると、感謝の念が湧いてきます。

一方、お互いの悪いところや嫌なところばかりを見ていると、感謝することは難しくなります。しかし、悪いところにある「本当の意味」を見ると、やはり感謝の念が湧いてくるのです。

自分が、何に焦点を当てているか、それによって、現実が生み出されるのではないでしょうか。コンサルタントは、少なくともクライアントのよいところを見るようにしたいものです。もし悪いところがあれば、その中にある本当の意味に焦点を当てるようにしましょう。

そうすれば、貢献はするものでなく、「させていただくもの」と自然に思えるようになるでしょう。もし、すべてのコンサルタントが**「貢献させていただく」という発想**で仕事に取り組むことができたら、もっとクライアントに対して感謝できるのではないでしょうか。

そして、クライアントの夢をかなえるお手伝いができたなら、もっとハッピーな世の中になるのではないでしょうか。コンサルタントの知性やノウハウを活かす前に、そのコンサルタントと一緒に仕事をしていること自体が、クライアントを幸せにできるのではないでしょうか。

さらに、少しでもクライアントのお役に立つことができたとき、コンサルタントは自分自身を「すごい」と認めることができるし、大いに成長することができるのです。

コンサルタントとしての成長を促すもの

経営学では、「マネジメント・サイクル」という概念があります。これは、「PDCAサイクル」とも言われるもので、Plan-Do-Check-Action という一連のプロセスを回すことで、経営の成功率を高める基本理論です。これらの頭文字をとって、〝PDCA〟と言います。

私は、コンサルタントにとってのPDCAは、**「貢献－感謝－成長」**ではないかと思っています。クライアントに貢献させていただく。すると、クライアントから感謝される。その気持ちに、こちらも感謝をする。同時に、クライアントから学んだことに感謝する。この時点で、ひと回り大きく成長した自分自身を実感する。その経験をもって、次のコンサルティングに活かす――このような、善循環のサイクルがあります。

これを私は、**「貢献・感謝・成長サイクル」**と呼んでいます。このサイクルは、貢献の量が多いほど、早く回るようです。

ある一定期間に、必要な行動量を達成してしまうことが、成功への近道でした。ごく短い時間の中で、できる限りのことをクライアントに提供する。そんなコンサルタントに、感謝しないクライアントはいないのです。

コンサルタントによっては、「ここまでノウハウを出してしまったら、やりすぎなのではないか?」と考える人もいます。

出し惜しみをするコンサルタントは結局、その程度の仕事しかしないため、クライアントから感謝されることはありません。このような人は、使命よりもビジネスライクな仕事を好むコンサルタントです。

私の経験では、クライアントから**「そこまでしてくれるのですか」と言われるような仕事**をしていれば、間違いなく感謝されます。いつも、120%の力を出し切るようにすると、それがその人にとっては普通のことになって、やがて130%、140%の力が出せるようになります。つまり、何を普通と思うかによって、その人のレベルが決まってくるのです。

しかし、考えてみると、120%の力を発揮させてもらえるのも、クライアントの協力があってのことです。コンサルティングは、コンサルタント1人ではできません。クライアントの協力があって、初めてその場が成り立つからです。もし、彼らが寄り添うことをしてくれなかったら、セッション自体が成り立ちません。少し視野を広げてみると、目に見えないクライアントの「影の努力」が存在していることに気づくはずです。

すると、「あなたのおかげで、うまくやることができました」といった言葉が、自然に出てきます。

また場合によっては、クライアントとコンサルタントの他に「第三の業者」が入ることもあります。

たとえば、私のような企業向けのブランディングやマーケティングであれば、同じくその分野の専門家である、広告会社やデザイン会社の方々と一緒に仕事をすることがあります。

彼らの立場からすると、自分たち以外の、同じ専門分野のコンサルタントが入るというのは、いったいどのような気持ちでしょうか。

人によっては、「面白くない」と思うこともあるでしょう。それにもかかわらず、私にセッションの主導権を与えてくれて、クライアントのために、一緒になって考えてくださるのです。これも、感謝せずにはいられない状況です。

クライアントのためだけでなく、その人たちの時間や立場も無駄にしないよう、コンサルタントは120％の力で働かなければならないのです。このことに対しても、やはり**「あなたのおかげで、うまくやることができました」**と言わずにはいられないのです。

感謝をすることは、「感謝しなさい」と言われてできるものではありません。だから、私もあなたにそのようにするべきだとは言いません。

しかし、**相手に対する感謝の量が多いほど、コンサルタントは豊かな人生を送れるようになるし、仕事にも恵まれる**ようになるのです。

つまり、紹介の途絶えない状態を創り出すことになるのです。そうなるとなおさら、相手に感謝せずにはいられなくなります。それがまた、コンサルタント自身を成長させることになるのです。

5章

紹介が紹介を生むコンサルタントであり続けるために

たった1年で紹介が紹介を生むコンサルタントになると決意する

本書のタイトルである、「たった1年で紹介が紹介を生むコンサルタントになる」は、「本物のコンサルタントになる」と言い換えることもできます。これまで私は、それについて語ってきました。私は、そのようなコンサルタントを、もっと増やしたいという願いを持っています。それが、本書を書こうと思った動機でもあります。

では、なぜコンサルタントを生業としている私が、「なぜ、他のコンサルタントに自分のノウハウや学びを公開しようと思ったか」ということです。

3・11以降、日本は元気がないと言われています。それを、環境や政府、企業のせいにすることもできますが、私は日本人一人ひとりが変わらなければならないと思っています。国や企業に頼るばかりではなく、「私が、国や企業にどのような貢献ができるか」を考える時代の到来です。つまり、自分で判断して行動を起こす大人が増えると、この国は変わるのだと思います。少し偉そうですが、私はそう思っています。

そして、ここに私は、コンサルタントという職業人の可能性を見出しました。とくに、たった1人で独立して成功しているコンサルタントは、すでにそのような生き方をしている人たちです。そのような人をもっと増やすことはできないか——そう考えて、「コンサルタント向けの成功術」を紹介しようと考えたのです。

紹介だけでやっていけるような「本物のコンサルタント」が増えると、日本は変わるかもしれません。

本書でご紹介したやり方は、すべて私自身がやってきたものです。本書に書かれたノウハウを実践していくことで、仕事はどんどん入ってくるようになるでしょう。そして、それがごく当たり前のことになります。

しかも、会う人会う人、すばらしいクライアントばかりです。私はこれまで、営業活動を一切しない方針で、コンサルティング業をやってきています。

他人から請われる充実感。それを選択できる余裕感。クライアントの問題を解決したときに感じる達成感。そして、彼らからの感謝の言葉。それらがもたらす自由と豊かさ——これらは、現在コンサルタントとしてがんばっている方全員の、**「理想のゴール」**ではないかと思います。

そのようなゴールを目指すなら、ぜひ行動に移しましょう。1年以内に、紹介が紹介を生む本物のコンサルタント、集客自体を不要にするコンサルタントになれるはずです。

ときには、「好転反応」が起きることもある

決意して行動を起こすと、ときには面白い現象が出現するようです。それは、**「望むべき現実どころか、試練が出現する」**というものです。真面目にやっているのにうまくいかない。これを私は、好転反応と見なしています。私自身の経験をお話ししましょう。

1章で、「一流のクライアントとだけ付き合おう」とお話ししました。これは、今でも私が続けていることだし、非常に大事なポイントでもあります。

しかし私の場合、そう決めたとたん、「そうではないクライアントからの問い合わせが増える」ということがありました。

次のような問い合わせをしてくる人がいました。「コンサルティングをお願いしたいのですが金がない。でも私は、こんな情熱を持って仕事をしています。シャッター街になっている商店街の活性化。経営難の人たちに、そんな夢をプレゼントしたいのです。どうか、協力してもらえませんか」

商店街活性化を謳うNPOの代表者でした。この人の熱意や情熱はすばらしいと思います。最初は私も、その熱意に同意して仕事を受けました。しかし、いざ仕事をしてみると、実に

身勝手な人だと気がつきました。また、言うほどの熱意がないことも後々わかりました。組織をNPOにしたのも、資金面など別の目的からのことでした。

つまり、情熱で人を巻き込もうとするのですが、本当は「情熱を示せば、タダでやってもらえる」という発想の人だったのです。これは、人の厚意につけ込むずるいやり方です。

私は、この仕事を途中で断りました。それ以来、そのような話をする人を信じなくなりました。

もちろん、私の人間力が不足していたこともあるでしょう。また、そのような人を識別する力自体が未熟だったのかもしれません。

それ以来、このような話が来たときは、「申し訳ありませんが、お手伝いできません」と伝えるようにしています。もちろん、誠意を持ってお断りするようにしています。

興味深いのは、立派な情熱を熱弁し、他人の厚意を当てにする人に限って、そういうときに何の返答もよこさないことです。これも、学んだことです。

このような望まない状況は、学びのチャンスであると同時に「舞台設定」と捉えてもいいかもしれません。自分自身をはっきり示すために、「それに相応しい逆境」が現われると考えてみてはいかがでしょうか。

決意して行動する自分を演じるためには、演じるための舞台がなければなりません。逆境の中でそれに屈しない自分でいられるかどうかです。

まるで、「赤色の中の赤色」のようなもので、自分が赤色であるためには、自分の周囲は、青や白などの「赤以外」の色でなければなりません。つまり、コントラストが大事なのです。コントラストが出ること自体、モノゴトが進んでいる証拠です。実際に、かなり厳しいことが多いかもしれません。**このような訓練を、さまざまな状況でこなし、やがて完全にマスターした頃、逆境は出現しなくなります**。

同時に、それは自分が完全に変身できたときです。もう証明する必要がなくなったとき、逆境は必要でなくなるのです。

私の例であれば、一流でないクライアントとはどのようなものか、を知るチャンスでした。結局は、自分で気づいていくしかないのです。今では、クライアントを見る目が養われたと思っています。

ときには「立ち往生」してしまうこともある

逆境の中で、ときには立ち往生してしまうこともあります。行動が止まってしまう瞬間です。なかなか結果がついてこないこともあります。

そんなときは、たまらなく不安になるものです。そして思うのです。「こんなことをやっていて、はたして意味があるのだろうか？」と。これが、立ち往生の状態です。

これは、私も同じです。これまでも、立ち往生しなかったわけではありません。初めて、「2日間集中ワークショップ」という戦略構築サービスを100万円で売り出したときは、誰も振り向いてくれませんでした。2日間で100万円というのは、決して安価なものではありません。

多分、私自身のネームバリューのなさと「にわかに信じがたい」と思われたに違いありません。「2日で、戦略が作れるはずがない」と。

しかもあるとき、恵比寿ガーデンプレイスにある、外資系広告代理店の局長にこう言われました。

「わが社でも、クライアント企業に、そのような戦略ワークショップはやりますよ。しかも、ワークショップそのものは無料で行なっています」と。それを聞いて、ショックでした。有名広告代理店が、無料で戦略構築のワークショップをやっている、と知ったからです。

そのとき、私は「こんなことをやっていて、意味があるのだろうか？」と思いました。しかしありがたいことに、この2日間集中ワークショップはその後、ある企業からの依頼が来ました。

その企業は当時、まだ小さな会社でした。ブランド担当の経営陣の方から、こう言われました。

「これまで、広告代理店と戦略構築をしてきたけれど、いつも同じ話になってしまう。新しい視点で戦略を見直してみたい」と。クライアントが神様に見えました。そして、一所懸命やりました。その結果が、今のスープストックトーキョーです。

このコンサルティング・サービスは、今でもいろいろなクライアントに提供し続けています。今では、電通、博報堂、アサツーディ・ケイなど、大手広告代理店からの依頼が大半です。彼ら自身にも、戦略プランナーがいて、同様のサービスはあります。

しかし、それ以上の品質レベルを求めて発注をしてくださいます。よりシビアな客観性と中立性。つまり、彼らのクライアントに対して、ニュートラルな立場から戦略セッションをやってほしいというニーズがあるのです。かつての立ち往生から、事態は明らかに好転しました。

私自身、「こんなことをやっていて、意味があるのだろうか」と思うことは多いのですが、何とか続けています。その理由は何かと考えてみたら、意外に簡単な答えでした。

それは、**「この仕事が好きだから」**ということです。コンサルタントは、自分の仕事が好きなら信じられるかもしれません。それが、使命になれば最高です。

しかし、これが金儲けのためだけの仕事なら、たぶん、すぐさま違うことを考えると思います。もちろん、お金儲けも大事ですが、それ以上のモチベーションがあったから続けているように思います。

そのような意味では、**「職業は、好きなことで選ぶべきだ」**というのは真実であり、そのようにして決めた仕事は、逆境や孤独の中でも、楽観的に続けられると思います。

私たちは、孤独なときこそ試されているのかもしれません。

「お前は、本当にこの仕事が好きか?」「この仕事で成功したいのか?」「この仕事を愛しているか?」——これらに、YESと答えられるようなら、成功は間違いありません。立ち往生しそうになっても、歩き続けることができます。

紹介が一気に加速する瞬間

これまで、いくつも紹介をいただきながら仕事をしてきました。この紹介が、加速度的に増える瞬間があります。実際、**「期待を大きく上回る成果」が出たとき、紹介の数は一気に増えます**。

何をもって成果と呼ぶのか。また、コンサルティングのアウトプットをどこで計るかという問題もあります。クライアントにアドバイスした時点か、アドバイスを実施した結果、クライアントが実利的な結果を手にした時点か。コンサルティングの種類によっても違うでしょう。

しかし多くの場合、彼ら自身が実利的な結果を手にしたときと考えていいのです。しかも、「期待を大きく上回る成果」を手にしたときです。目からうろこが落ちたとき以上の驚き。「喜び」という言葉のほうが、的を射ているように思います。**クライアントが大きな喜びを得たとき、紹介は加速度的に増える**のです。

まるで、女性がよい化粧品を使って、見違えるほどキレイになったときのような感覚かもしれません。私は、化粧品会社の仕事もしてきましたから、よくわかります。肌の状態がよくなると、誰かに聞かれることが多くなります。「最近、肌の感じがいいね。ワントーン、明るくなったような感じ」——女性であれば、誰だって友人からのこのような言葉は、とてもうれしいものです。そんな化粧品を選んだ自分自身を誇りに思いながら、嬉々として「実は、こんな化粧品があって、本当にすごいのよ」と話すことでしょう。

私の経験では、クライアントは、人から「最近、売上げの調子がいいですね」とは、なかなか訊いてもらえません。その代わりに、「記事を見ましたよ。すごいですね」と言ってもらうことが多いのです。

このように、業績のよさはパブリシティを通じて知られることが多いのです。すると、クライアントは、そのことについて話したくなります。

「実はここだけの話、こんな先生がいて、新しい取り組みをしたんですよ」と。ここまで話してくれるのは、「コンサルタントの存在が、決定的に重要だった」と認識していただいているときです。

だから、「期待を大きく上回る成果」なのだし、「喜び」であるのです。もちろん、記事などに取り上げられていなくても、紹介が増えるケースもあります。多いのは、クライアント社内の他部署から依頼されるケースです。

あるクライアントでのことです。あるブランドの再構築がきっかけで、1年のうちに社内のほぼすべてのブランドに携わることができるようになったことがあります。

紹介をするとき、どんなクライアントも、世の中や他部署が気づくよりも先に、自分がそれを手にしたことを誇りに思うのです。そして、周囲の人に知ってほしいし、同じようにしたら成功することを伝えたいのです。つまり、**評判こそがコンサルタントを本物にするし、期待を大きく上回る成果は、クライアントの喜びなのです。**

世の中への信頼が感じられるか？

クライアントが、大きな喜びを感じてくれると、紹介が加速度的に増えます。そんな経験をすると、**「世の中への信頼」**が生まれるようになります。つまり、**「世の中を、善なるものと見ること」**ができるようになります。必ず、助けてくれる人がいるものです。2日間集中ワークショップもそうでしたが、私は震災を経て、そのことを実感しました。

3・11は、日本経済の転換点でした。すべての産業が、何らかの影響を受けました。被災地の方々はもちろん、その他の土地に暮らす人々も、一種の間接的な被災者だったと言えるかもしれません。

私のクライアントも影響を受けました。プロジェクトが中断したものもあったし、新しい契約もぴたりと止まりました。紹介も同様でした。

当時、私はかなり焦って、ネガティブな発想だったと思います。「どうしたら、仕事を取れるだろうか」「どうしたら、支出を少なくできるだろうか」「どうしたら、生き残れるだろうか」……。まったく、紹介が紹介を生むコンサルらしくないことばかりを考えていました。

しかし、そんなことばかりを考えていると、不思議と仕事は遠のいて、予期しない支出ばかりが増えていくことになりました。「子どもが、希望の私立中学校に合格した」とか、「事務所の契約更新時期」などです。

とにかく、「どんどんお金を払う」という状況が続きました。そんなとき、独立したばかりの懇意にしていた、若いコンサルタントが相談に来ました。ちょうど、震災直後のことでした。

独立したとたんに世の中が止まってしまい、仕事がなくてたいへんなときでした。

彼は、率直に自分の現在の状況を話すと、非常に申し訳なさそうに、「何か、仕事はないですか」と言いました。そのような状況下で、誰かに「仕事をくれ」というのは、本当に勇気がいることです。

ましてや、同業者です。本人のプライドや立場を考えると、どれほど心苦しい申し出だったことかと思います。

私は、ちょうど入ってきていた単発の仕事を手伝ってもらえないかと言いました。1日だけのセッションで、料金は50万円です。彼に、アシスタントとしてセッションに参加してもらい、その50万円をそっくりそのまま彼に支払うことにしました。彼は本当に恐縮して、何度も何度もお礼を言ってくれました。

しかし、お礼を言うのは私のほうでした。この一件によって、私はそれまで感じたことのないほどの豊かさを感じることができたのです。誰かに何かを与えるということは、実に豊かな行為なのだと実感しました。

豊かな自分を思い出すために、彼が私の目の前に来てくれたのではないかと思いました。

震災直後という深刻な状況の中で、彼が現われたのです。うまくいかないことを、「環境のせい」にしそうになる、ちょうどその頃のことでした。

まるで、**「豊かな自分であるための舞台設定」**でした。豊かな自分自身を表現するチャンスだったのです。

不思議なことに、この一件以来、震災の影響などということをまったく意識することなく、コンサルティングの依頼が元の状態に戻ったのです。

一見、私が彼を助けたように見えますが、実は逆で、彼が私を助けてくれたのです。好転反応が終わった瞬間でした。もう、逆境が出現する理由がなくなったのだと思いました。

逆境のように見えることは、実はチャンスだったのです。逆境に果敢にチャレンジすることで、私自身が救われる結果になりました。これが、私の世の中への信頼を確信させることになりました。**「世の中は、それほど悪いものではない」**と思えるようになったのです。

あなたは、どれほど与えているか？

世の中を信頼する一方で、私は思いました。**「私は、世の中にどれほど与えているだろうか」**と。情熱を見せつけて、報酬なしで仕事をさせようとする人は好きではありませんが、金額的に見合わなければ仕事をしない、という発想も好きではありません。

コンサルタントができる世の中への貢献――クライアントへの貢献は当然としても、そのような関係を前提としない貢献は、どのようなものでしょうか？　私の考えでは、**「自分の専門分野での強みを、商売関係なしの形で提供する」**ことです。

このような活動を偽善と捉える人は、3・11以降、減ったように思います。さまざまなNPOが、社会の中で存在感を増すようになり、優秀な人材が、望んでそのような仕事をするようになりました。

コンサルタントの場合は、やはり自分の専門知識を公開していくことや、出会いの機会を与えること、ときには仕事の紹介をしていくことも含まれるでしょう。

このような活動は、ビジネスではできない「好きなこと」や「やってみたかったこと」をやるのがポイントです。

私は、ブランドが専門だし、企業向けのコンサルティングを長くしてきたため、その知見を個人に応用する活動をはじめました。つまり、パーソナル・ブランディングです。

「ブランドまつり」という、妙な名前の有志の無料勉強会をはじめることにしました。

これは、3ヶ月に1回行なわれる、個人のブランディングを推進する会合です。毎回、20人くらいの方が参加されます。場所は、都内のレストランを借りて、サロン型セミナーの形式で行なっています。勉強するというより、おしゃべりする感覚のセミナーです。飲み物を持ちながら、参加者の間を移動するのもOKです。

セミナー会場よりも気軽だし、何より会場費がかかりません。そのうえ、おいしい料理やお酒を楽しみながら、勉強していただくことができます。

参加料金は、飲食代のみの割り勘です。回を重ねるごとに、話題のレストランや世界中の珍しい料理を出す店で行なうようになりました。これも、参加してくださる方にとっては、楽しみのひとつとなっています。

また、その場で知り合う人たちとの出会いにも、大きな価値があるようです。「ブランドまつり」で知り合ったのがきっかけで、新しく仕事がはじまったという方もいます。しかも、参加してくださる人たちは、本当にすばらしい方々ばかりで、私自身の学びにもなっています。

不思議なもので、**与えることをしていると、必ず誰かが与えてくれるのです。**

ここで、ブランドまつりとは別の話をご紹介しましょう。ウェブデザイナーの友人が、興味深い話をしてくれました。

「お客さんに呼ばれて先方に出向くと、あまり予算はないけれど、このような立派なものを作ってくれないかと言われます。僕も商売でやっているので、本当は十分な予算がほしいけれど、断ってしまったのでは売上げそのものが立たないので、何とかがんばって仕事を取ろうとします。また、お客さんもそのようなこちらの思惑を知っていて、低い予算でもやるだろうと考えています。要は、安い金額で目いっぱい働かせようとしているのがわかっていました。だから、こちらもそのお客さんから少しでも高く取ることばかりを考えていました。あの頃は荒んでいたなあ。でも最近は、少し発想を変えたんです。というか、別の事実に気がつきました。もし、そのお客さんで十分な単価が取れなくても、不思議とそんなときは、新規のお客さんがどこかから現われて、別の売上げを作ってくれるんです。そのことに気づいて以来、僕の荒んだ心も、ずいぶん穏やかになりました」

実は、私にも同じような経験があります。「60分体験セッション」というお試しのサービスがそうです。

これは、契約を検討している新規クライアントが、「契約を締結していいかどうかの確認」

として活用してくださるものですが、なかには単純に、無料でコンサルを受ける目的の人もいます。

しかし、不思議とそのような方のセッションをこなした後は、別の新規案件がどこからともなく持ち込まれます。しかも、最初から契約前提での紹介が多いのです。

まさしく、「十分な単価がとれない仕事をすると、別のクライアントが別の売上げを作ってくれる状況」です。

これも、世の中への信頼です。必ず、どこかで補填されるという、社会に対する信頼です。そのようなバランスが自動的に働き、どこかの損は、別のどこかの利益として平準化されるのです。

この友人が気づいたきっかけは、私にもよくわかりません。しかし、私の推測では「世の中って、そんなに悪いものではない」という目で見るようになったからではないか、と思っています。

繰り返しになりますが、視点が認識を作るのです。クライアントのよいところを見るのと同じで、**世の中のよいところを見るようにすると、このような気づきを得やすい**のだと思います。「与えてしまう」というのは、巡り巡って自分に帰ってくるのです。

あなたは、どれほど手間をかけているか

世の中を信頼すると、自然と日頃の人付き合いも丁寧になるようです。つまり、人間関係の一つひとつを丁寧に扱うようになるのです。その代表例のような友人をご紹介しましょう。俣木昌巳さん（http://www.yin-yang.co.jp/）は、私がマキシアム・ジャパンという洋酒会社で、マーケティングをしていたときからのお付き合いです。

現在は、PRを中心としたコンサルティングをしていますが、当時はプロモーションの仕事をお願いしていました。俣木さんの仕事の特徴は、いつも人間関係の手間を惜しまないことです。

彼と知り合ったばかりの頃、仙台にある有名な大型のバーでプロモーションをやることになりました。そこで、店長は通常よりも多く仕入れてくれると言いました。ところが、「店舗が勝手に発注した」として本部を怒らせてしまい、プロモーションを取り止めにするという事態になりました。

「よし！　謝って実施できるようにしよう」と、俣木さんはすぐに新幹線に飛び乗り、菓子折りを持って謝罪に行きました。店長がたずねました。「どうして、あなたはまったく悪

くないのに、謝りに来たのか？」と、かなり不思議な様子だったようです。

俣木さんは、「仙台でいろいろと協力店を探したけれど、あなたの店しかない。ご協力いただけないと、このプロモーションが成立しないのです。その全国プロモーションの、新しい担当者が私だからです」と事情を話しました。

すると「お腹空いていない？　一緒にご飯食べない？」と、労をねぎらってくれました。食事をしながら、今後店でやりたいことなどを店長に聞きました。

「実は、ＤＪの◯◯さんの大ファンなんです。いつか、ゲストで呼んでイベントをしたい」と、夢を語ってくれました。

そこで俣木さんは、「よし！　この人の夢を叶えてあげよう」と、半年も経たないうちに彼の夢だったＤＪを招いて、イベントを大成功させました。人間関係が、完璧にでき上がった瞬間です。

その後も、この店長との関係をマメにケアし続け、最終的には東北で最もよく、私たちのブランドを売る店にしてしまいました。

あれから10年以上経ちますが、俣木さんは、今でも仙台に行くたびにその店長を訪ねています。

俣木さんは、誰とでもすぐに仲よくなれる人です。その秘訣は、「マメに人間関係をケアし続ける」ということです。

また彼のすごいところは、損得勘定でそうしているわけではないということです。単純に、そのような人間関係をすばらしいと認めて、実践しているだけです。

しかも、いつもゴールを設定しているようです。「この人を喜ばせよう。笑顔が見たい」というゴールです。

私も、俣木さんを見習っています。人間関係の手間を惜しまずに、まずは日頃のコミュニケーションを丁寧にすることを心がけています。

たとえば、公開セミナーに参加してくださった方々、とくに名刺交換をして言葉を交わした人へのお礼は、すべて手間をかけて書きます。お礼メールを、その人との会話をベースに書くのです。すべて、自分の言葉でひとつずつ書くことにしています。

誰かと、人間関係を作ろうと思ったら、その人と気持ちを通わせるために、最低限の手間がかかることは、仕方がないことです。これは当たり前のことですが、仕事の場面ではつい忘れがちです。

逆に言うなら、そういう人が多いので、**「手間をかける」**ことには価値があると言えます。

一度、自分自身を点検してみるといいかもしれません。お決まりの文章で、一斉送信のお礼メールを出していないか。本来、メールとは個人から個人に対するものなのに、まるでＤＭ

を出すような感覚になっていないか、ということを。

その人の顔を思い浮かべながら書いたメールは、必ず先方にも「感じるところ」があるようで、ほとんどの方が丁寧な返信をくださいます。

そして、その内容に私も感じ入るのです。ここから、人間関係がはじまります。ときには、仕事をいただくこともあるし、こちらから誰かを紹介させていただくこともあります。

つまり、手間をかけたコミュニケーションとは、自分のことをよく知ってもらうチャンスでもあるのです。

あなたを「仕上げる」最高の方法

最後に、「あなたを仕上げる話」をしましょう。これまで私は、何度となくメンターの重要性を語ってきましたが、**あなた自身が誰かのメンターになることが、「あなたを仕上げる」最良の方法**です。紹介を生むコンサルタントとしてのあり方をマスターする一番よい方法は、誰かにそれを教えることなのです。後進のコンサルタント、とくにやる気があって、将来の見込みがある人がいいでしょう。

そのような人は、わざわざ探さなくても、向こうから現われてくれます。これは、あなたにとってもチャンスなのです。**その人を、本物のコンサルタントにすることが、あなた自身を本物にします。**

すでにお話ししたように、教えるためには、完璧にそのことを理解していなければなりません。しかし、ここにはパラドックスがあって、教える目的を持つことが、完璧な理解を達成させてしまうのです。

実は、教えるために完璧な自分である必要はなく、教えることが自分を完璧に到達させるのです。結局は、それが自分自身の成長につながるわけです。

誰かを応援するのは、自分が応援される秘訣でもありました。メンターを応援することによって、自分自身も応援されるようになります。また、後輩を応援することで、彼らもまた、あなたを応援することでしょう。紹介もまた、応援のひとつです。

誰かに仕事を紹介するのは、その人を応援しているからに他なりません。紹介をすることは、紹介をもらう以上に気分がいいものです。誰かが、誰かを常に応援していて、そのよき思いがぐるぐると回っている状態は、まさしく善循環そのものです。

私はこれまで、メンターからさまざまな応援をいただいてきました。メンターを応援するだけでなく、後進の方々を応援することも、メンターへの恩返しだと知りました。もらうことばかりを考えていてはならないのです。

たとえば、人は誰でも、人脈があれば紹介してもらいやすくなると考えますが、人脈とは、こちらが紹介するためのコネクションなのです。

紹介をあてにして人脈を作ることは〝愚の骨頂〟であり、誰かを紹介することで人脈がどんどんできていくのが真実です。しかも、目の前の人が、喉から手が出るほどほしいと思っている人を紹介することができれば最高です。

メンターに、こう言われたことがあります。**「人脈は自分が使うものではなく、誰かに頼まれたときに快く応じるためのものだ」**と。

『ペイフォワード』というアメリカ映画をごぞんじでしょうか。ある日、中学生の少年が学校で、「自分の手で世界を変える方法を考えなさい」という宿題を出されます。

そして、少年が思いついた方法は、「1人の人間が3人の人間に親切にし、その3人が、それぞれ3人の人間（合計9人）に親切にし、その9人が、さらにそれぞれ3人の人間（合計27人）に親切にし……を繰り返す」というものです。

そうすれば、世界は善意の世界に生まれ変わるという考え方です。そして、まずは自分自身がそれに取り組みます。「親切を次の人（前方）へ払い出す」ので、ペイフォワードと言います。誰かを応援することにも、このようなサイクルがあるのではないでしょうか。

自分一人で、人脈や仕事を抱え込むのではなく、それを誰かに紹介する。すると、その誰かが、さらに別の誰かにその縁を紹介するという流れです。

そして、不思議なことに、そのサイクルはやがて自分のところに返ってくる。紹介や応援は、与えることでもあるのです。

誰かに何かを与えることは、自分が与えられることでもありました。与えることができる自分は、それ自体が豊かな証拠でした。**応援は、こころの豊かさを証明する行為**だと思います。また同時に、人間は1人で生きているわけではない、とあらためて思います。

さて、本書もそろそろ終わりです。

最後にお伝えしたいことがあります。本書を通じて、あなたに変化が起きたらうれしく思います。

あなたが誰かを応援し、社会に善循環を生み出してくれたらうれしい。

クライアントを幸せにするだけでなく、世の中全体を幸せにするのだと考えてくれたらうれしい。

辛いことも多いけれど、それが幸せへの好転反応だと気づいてくれたらうれしい。

後進の人たちに、ペイフォワードしてくれたらうれしい。

そして、社会のリーダーになってくれたらうれしい。

私は今、私自身の思いを書いています。書きながら、私自身の志を再確認しているようです。あなたも、自分の志を誰かに伝えてみてください。

コンサルタントのコミュニケーションは、「影響力を与えること」と言いました。人が、最も影響力を受けるのは、「自分の志を雄弁に語る人」ではないでしょうか。

ぜひ、あなたの志を、クライアントをはじめ世の中に向けて発信していっていただけたらと願っています。

おわりに

本書は、「ある人からの紹介」によって生まれました。ちょっとそんな裏話をしましょう。私が理事を務める、（財）ブランド・マネージャー認定協会の代表理事、岩本俊幸さん。この方が、私を本書の版元である同文舘出版さんに紹介してくださいました。

あるとき、私は岩本さんに相談をしたのです。「日本に、本物のコンサルタントを増やすにはどうしたらいいでしょうか」と。すると、岩本さんは驚いたようにこう言ったのです。「実は、私も同じように考えていました」。

聞いてみると、岩本さんは、協会の卒業生がコンサルタントとして活躍するための教育をどうしたらいいか、をお考えでした。一方、私は本書で述べたような問題意識から、コンサルタントの育成を考えていました。

私たちはこの偶然に驚き、また喜び合いました。そして、最初の動機は異なるものの、アプローチは同じだと直感したのです。そして、岩本さんの「水野さん、本を書いたらどうですか」というお薦めによって、同文舘出版さんを紹介してくださったのです。

しかし、いざ執筆するとなると、私の中で葛藤が生まれてきました。「私が、コンサル向けに指南書を書くなど、おこがましいことではないか？」というものです。そもそも、私自身がまだ成長の途上です。現在もクライアントを抱え、1人のコンサルタントとして仕事をしています。また、コンサルティングというのは人の数だけあり、総論的に語ることは非常に難しいという問題もありました。

そんなとき、編集長のひと言が私の背中を押してくれました。

「ご自身の物語にこそ、価値があるのです。おそらく、クライアントの夢をかなえるために努力した物語になるのではないでしょうか？」

まさしく、私の葛藤を打ち消したひと言でした。それなら私にも書ける、ということで私は本格的に書きはじめました。

こうして、本書が世に出たことに感謝いたします。本書をお読みいただき、ありがとうございます。そして（財）ブランド・マネージャー認定協会代表理事、岩本俊幸様、ありがとうございます。また、私のクライアントの皆様、ありがとうございます。本書で何度も登場していただいたメンターの方々、いつもありがとうございます。

そして最後に、同文舘出版株式会社取締役、編集局・ビジネス書編集部部長、古市達彦様、ありがとうございます。みなさまに感謝申し上げます。

2013年1月

水野与志朗

著者略歴

水野与志朗（みずの　よしろう）
ビーエムウィン代表取締役社長、（財）ブランド・マネージャー認定協会理事。経営者、経営コンサルタント、講演家、著述家。
1968年生まれ。学習院大学経済学部卒業。大学卒業後、味の素ゼネラルフーヅ（株）、マキシアム・ジャパン（株）、ハーシージャパン（株）などで、ブランド・マネージャー、マーケティング・マネージャー、マーケティング・ディレクターを歴任。３４歳のとき、書籍出版をきっかけとしてコンサルティングの依頼を受けるようになり独立。これまで、味の素、サッポロビール、サンスター、ブリヂストンスポーツ、ジョンソン・エンド・ジョンソン、ソフトバンク・ヒューマンキャピタルなど、大手企業を中心に、１５０社以上のコンサルティング・プロジェクトに関わる。公開セミナーでは、１２００社以上のマーケターに講演を行なう。企業コンサルティングの傍ら、メンターとして個人向けセッション、またコンサルタントの養成講座なども請け負っている。
著書として、『ブランド・マネージャー』（経済界）は、ブランド・マネージャー業務の先駆的な書籍と評価され、大手消費財企業で新人マーケターの教科書になっている。『戦略的パブリシティ』（オーエス出版）は、お金をかけず広告宣伝する手法をまとめた先駆け的存在。『ＴＨＥ　ＢＲＡＮＤ　ＢＩＢＬＥ』（総合法令）は、ブランドの成功と失敗のメカニズムをわかりやすくまとめている。そして、『ブランド戦略実践講座』（日本実業出版社）は、大学のマーケティング論でも採用された。どの本も、著者自身のビジネス体験をもとに書かれており、多くのビジネスマンに共感されている。
趣味は、料理とマーシャル・アーツ（格闘技）。料理は親しい人や友人への愛情表現、絆を深めるものとして。またマーシャル・アーツは、楽しみながら健康維持する手段であり、海外専門書の翻訳もしている。
水野与志朗公式ホームページ
http://www.bmwin.co.jp/

http://www.bmwin.co.jp/magazine/index.html
本書で紹介したパーソナル・ブランディングのくわしい構築方法が動画で学べます

たった1年で“紹介が紹介を生む”コンサルタントになる法

平成25年 2月13日　初版発行

著　者 ―― 水野与志朗

発行者 ―― 中島治久

発行所 ―― 同文舘出版株式会社

東京都千代田区神田神保町1-41　〒101-0051
電話　営業03（3294）1801　編集03（3294）1802
振替00100-8-42935　http://www.dobunkan.co.jp

ISBN978-4-495-52151-6

印刷／製本：三美印刷　Printed in Japan 2013